우리의 소원은 통일

하늘꿈학교 아이들, 희망을 쏘다

우리의 소원은 통일

박경희 지음

홍성사

차례

프롤로그 탈북 아이들이 나와 무슨 상관이람? 7

01 고통의 씨앗으로 꽃을 피우다 14

나를 매료시킨 백설기 사랑 17
눈물샘이 마른 아이 30
저는 꽃제비였습다 40
하늘꿈학교 가족여행 48
스파게티보다 강냉이국수가 더 맛있슴다 60
눈물로 세워진 하늘꿈학교 67
처녀엄마·총각아빠 선생님 82

02 하늘꿈 품고 이 땅에 서다 90

모여라! 영어통일캠프 92
중국 장마당에 팔 염소새끼라요! 97
하나님을 만난 건 제 일생 최대의 선물임다 101
행복한 날에는 아기가 더욱 보고 싶어요 106
기숙사가 있다는 게 짱이에요! 118
햇볕도 되어 주고 그늘도 되어 주는 선생님 124
'통일의 열쇠'들이 한자리에 136

03 흔들리며 자라나는 탈북 아이들 142

하늘꿈학교의 전설, 은휘 144
'수령님'에서 '하나님'으로 148
가족은 상처의 다른 이름 153
소통의 다리, 글쓰기 수업 162
눈물은 상처를 씻기는 특효약 170
자살을 꿈꾸던 아이의 날개짓 180
외박을 일삼는 아이 185

04 하늘을 향해 꿈을 쏘아 올리다 190

하늘꿈학교 반항아의 고백 192
졸업생이 남긴 이야기 주머니 199
힘찬 펌프질만 남았다 206
기부의 손길로 자라나는 나무들 216
기쁜 소식이 날아들다 219

에필로그 여행은 끝나지 않았다 228

• 이 책에 나오는 탈북 아이들의 이름은 모두 가명입니다.

프롤로그

탈북 아이들이 나와 무슨 상관이람?

"작가님, 통화 가능하신가요?"

3년 전 어느 가을날, 느닷없이 한 통의 전화가 걸려 왔다. 전화선 너머의 목소리에는 왠지 모를 절절함이 묻어 있었다.

"며칠 전 방송에서 인터뷰하시는 걸 들었어요. 아프고 소외된 아이들에게 관심이 많다는 말을 듣는 순간, 우리가 찾던 작가라는 생각이 들어서……."

하늘꿈학교 임향자 교장 선생님은 내가 소년원 아이들의 이야기인 《분홍벽돌집》을 낸 뒤, 방송하는 내용을 들었던 모양이다. 느닷없는 전화에 무슨 대답을 해야 할지 몰라 가만히 있자, 교장 선생님은 말을 이어 나갔다.

"우리 하늘꿈학교는 탈북 아이들을 가르치는 기독 대안학교입니다. 하나님의 마음으로 아이들과 함께한 지 10년 정도 되었지요. 이제 우리 아이들의 이야기를 세상에 풀어 놓을 때가 되었다는 생각이 들어요. 탈북 아이들의 아픔과 눈물, 희망에 대해 진솔하게 써주셨으면 해서 전화드렸습니다."

솔직히 말해 그때만 해도 나는 탈북자에 대해 별 관심이 없었다. 그런데 이상하게도 교장 선생님의 목소리가 나를 잡아끌었다. 결국 나는 교장 선생님의 청을 거절하지 못하고 조만간 학교로 찾아가겠노라 약속한 뒤 전화를 끊었다.

며칠 후, 하늘꿈학교로 향하는 전철 안에서 나는 교장 선생님의 제안에 부드럽게 거절할 말을 궁리하느라 마음이 분주했다. 북에서 살다 온 아이들이 궁금하긴 했지만, 덥석 그들에게 다가설 자신은 없었다.

개롱역에서 내려 주소지를 들고 학교 건물을 찾아 언덕을 올랐다. 드디어 송파구 가락 2동 196-16번지. 서울 도심에 이런 동네가 있나 싶을 정도로 한적한 동네였다. 아담한 공원을 산책하는 사람들의 모습이 여유로워 보였다. 두리번거렸지만 학교로 보이는 건물은 보이지 않았다. 잘못 찾아온 게 아닌가 싶어 전화를 하려는데, 바로 그 순간 코앞에 '하늘꿈학교'라는 간판이 보였다. 운동장이 있고 교실이 보이는 그런 학교를 연상했던 나의 기대가 무참히 깨지는 순간이었다. 동네 어디서나 볼 수 있는 허름한 상가 건물 2층에 하늘꿈학교가 있었다.

낡은 건물 계단을 올라 2층의 교무실에 들어서자 선한 눈빛의 선생님이 반갑게 맞아 주었다. 임향자 교장 선생님이었다. 나를 회의실로 안내한 뒤 교장 선생님은 다른 두 분을 모셔왔다. 학교 행정을 총괄하는 총무 선생님과 초창기부터 탈북학교 사역을 함께해 온 송경곤 목사님이셨다. 세 분은 하늘꿈학교의 어제와 오늘을 설명하느라 이마에 땀방울이 맺힐 정도였다.

"그동안 우리 하늘꿈학교는 언론에 나서는 걸 극도로 자제해 왔어요. 죽을 고비를 넘기고 온 우리 아이들을 그저 불쌍한 시혜의 대상으로만 비치게 하고 싶지 않았거든요. 더군다나 아이들을 내세워 기부를 받거나 가십거리처럼 기사화되는 걸 꺼렸어요. 당연히 전시용 행사에 아이들을 동원하지도 않았지요. 그렇지 않아도 아픈 아이들 상처에 소금을 끼얹는 것 같아서 말이지요."

교장 선생님이 말을 마치자, 이번에는 송경곤 목사님이 강한 어조로 말했다.

"이제는…… 소리 내어 말할 때가 되었다는 생각이 들어요. 하나님이 왜 이 땅에 탈북 아이들을 보내셨는지, 우리 아이들이 한 사람 한 사람 주님 안에서 어떻게 변화하고 있는지, 통일의 날에 이 아이들이 어떤 모습으로 서야 하는지 그 비전을 보여 주셨거든요. 그동안 우리가 체험한 기적을 많은 사람들과 나누어야 할 때가 왔다는 생각이 듭니다."

모든 게 낯설었다. 낯선 이 이야기들을 글로 쓸 자신도 없을뿐더러, 내 몫이 아니라는 생각이 들었다.

그런데 한참 탈북 아이들 이야기를 하시던 교장 선생님이 손수

건으로 눈물을 훔치고 있는 게 아닌가. 총무 선생님도 목사님도 마찬가지였다. 너무 당혹스러웠다.

'난 구경꾼처럼 탈북 아이들 얼굴 한번 보자는 호기심으로 왔을 뿐인데……. 왜 하필 나일까? 탈북 아이들이 나와 무슨 상관이람?'

스스로에게 묻지 않을 수 없었다. 하늘꿈학교를 향한 하나님의 사역에 대해 더하지도 빼지도 말고 있는 그대로만 써달라는 교장 선생님의 청에 나는 '못하겠습니다'라고 말할 수 없었다. 그렇다고 잘 써보겠다는 말도 못한 채 어정쩡한 자세로 인사를 하고 도망치듯 나오고 말았다.

하늘꿈학교에서 빠져 나와 근처 공원을 한 바퀴 돌며 지난 시간을 되짚어 보았다. 나는 극동방송 '김혜자와 차 한 잔을'이란 프로그램의 원고를 18년간 써 왔다. 삶 속에서 느끼는 단상을 매일 이야기하듯 풀어내는 프로그램이었다. 몸을 가누지 못할 정도로 아파도, 질풍노도의 소용돌이를 맞은 아들이 가출을 해 속이 타들어 갈 때도 방송원고는 써야 했다. 덕분에 청취자들의 사랑을 듬뿍 받았고, 한국방송프로듀서 연합회가 주는 작가상도 받았다. 하지만 내면에서는 소리 없는 아우성이 끊일 날이 없었다. 써야 할 이야기, 쓰고 싶은 이야기는 많은데 집중하지 못하는 데서 오는 갈증이었다. 그러다 맡은 방송이 자연스럽게 종영되는 것을 보고는 이제야 오롯이 내 글을 쓸 수 있겠구나 싶었다. 그러던 차에 걸려온 한 통의 전화…….

'내가 할 수 있는 일일까?' 갈등하며 공원을 내려와 전철을 향해 걷는데 불현듯 교장 선생님의 눈물이 떠올랐다. 왠지 탈북 아이들을 만나는 여행에 동참해야 할 것 같았다. 알 수 없는 사명감이랄까? 아무튼 마음이 움직였다.

가슴 한 편에서는 남과 북 모두를 경험한 아이들이 숨겨진 보석이 될지도 모른다는 생각이 들기도 했다. 아무도 밟지 않은 땅에 들어가 나만의 소재를 끄집어 내다 보면 특별한 작품을 쓸 수 있을 것도 같았다. 순전히 작가적인 욕심이었다.

이렇게 하늘꿈학교 여행에 나서기로 마음은 먹었지만 정작 무엇부터 해야 할지 막막했다. 궁여지책으로 탈북 관련 책을 읽거나 영상물을 찾아서 보았다. 책들은 대부분 탈북 과정을 그린 수기였다. 영상물도 두만강을 건넌 이야기라든가, 제3국에 이르기까지의 탈북자들의 고단한 삶을 다룬 내용이 많았고, 탈북 이후의 삶을 다룬 것은 거의 없었다.

나는 탈북 아이들의 험난한 여정보다는 남한에서의 적응이 궁금했다. 그들이 이 땅에 들어와 대한민국 국민으로 정착하기까지의 삶을 풀어내고 싶었다. 이밥(쌀밥)이 그리워 차가운 물살을 헤치고 도망왔다는 아이들이 이 땅에서 배고프지는 않은지, 공부하는 건 어렵지 않은지, 북에 두고 온 가족과는 어떻게 연락을 취하며 사는지, 무연고 아이들의 경우 어떻게 외로움을 견뎌내는지 등이 궁금했다. 그리고 무엇보다 '하늘꿈학교'가 탈북 아이들에게 어떤 의미인지를 솔직하게 듣고 싶었다.

　나는 숙제 같은 질문을 안고 하늘꿈학교를 다시 찾았다. 이후 아이들을 만나고 돌아올 때마다 형언할 수 없는 마음이 나를 흔들었다. 단 한 명도 아프지 않은 아이가 없었다. 눈물 없이는 들을 수 없는 온갖 사연을 안고 이 땅에 온 아이들. 그런데 놀라운 것은 아픔을 말하는 아이들의 눈빛이 생생하게 살아 있다는 것이었다. 그 이유는 간단했다. 탈북 아이들은 가슴속에 하나님을 품고 있었다! 이 아이들은 탈북 과정과 하나원(북한이탈주민들이 한국 사회에 조기 적응할 수 있도록 3개월간 사회적응교육을 하는 통일부 소속기관)을 거치면서 지나온 경로마다 하나님이 자신을 만지고 계셨음을 온몸으로 겪으며 받아들인 상태였다.

　나는 아이들의 고백을 들을 때마다 몹시 부끄러웠다. 탈북 아이들은 내게 더 이상 탐구 대상이나 글의 소재가 아니었다. 보듬고 함께해야 할 이웃이자 딸이며 아들로 다가왔다. 탈북 아이들에 대한 정이 깊어지면서 교장 선생님의 눈물과 많은 선생님들의 헌신을 마음 깊이 이해할 수 있었다. 기껏 일주일에 한 번 글쓰기 수업에서 만나는 나와는 비교가 안 될 정도로, 아이들과 먹고 자고 부대끼며 살아가는 하늘꿈학교 선생님은 글로 표현할 수 없을 만큼 많은 이야기를 품고 있음도 알 수 있었다. 그래서 선생님들이 귀찮아 할 정도로 나는 아이들에 대해 묻고 또 물었다. 그런 내게 아이들의 신상에 대한 변화를 자세히 전해 주던 애정 어린 선생님들.

아이들과 소소한 일상을 공유하며 이해하고자 애쓰는 선생님들이 존경스러웠다.

나는 글쓰기 지도교사로, 때로는 누군가의 멘토로, 하늘꿈학교의 크고 작은 행사장에서 취재원으로, 이곳 선생님들을 비롯해 수많은 아이들과 일상을 나눴다. 그렇게 시작된 발걸음이 어느덧 3년이란 세월이 흘렀다. 누군가는 탈북 청소년들을 일컬어 '미리 온 통일' 혹은 '먼저 온 미래'라고 칭한다. 또는 '이미(already) 왔으나 아직은 아닌(not yet) 통일 시대의 화해자'라고도 부른다. 하늘꿈학교 홈페이지에 들어가면 가장 먼저 눈에 띄는 문구가 있다.

"하늘꿈학교는 남북의 화합과 소통을 가능케 하는 유일한 '하나님의 다리(The Bridge of God)'입니다"라는 말이다.

남과 북의 화해자! 통일의 징검다리! 하늘꿈학교의 존재 이유를 이보다 더 극명하게 보여 주는 말은 없다.

우리와 결코 다르지 않은, 조금 특별한 삶을 살아왔을 뿐인 탈북 아이들. 이 사실을 인식하는 데 꽤 많은 시간이 필요했다. 이곳 하늘꿈학교 아이들의 삶을 들여다보며 2만 5,000명 탈북자들의 현주소를 엿볼 수 있었다. 특히 4,000명의 탈북 청소년들이 이 땅에 와서 뿌리내리기 위해 얼마나 몸부림치는지 실감할 수 있었다.

어느 날, 주님은 한낱 구경꾼인 내게 '탈북 아이들의 삶을 전하는 도구'가 되길 원하셨다. 그건 사명이었다. 돌이켜 보면, 내가 하늘꿈학교를 만난 건 하나님의 은총이자 예비하심이었다.

01

고통의
씨앗으로

꽃을
피우다

나를 매료시킨 백설기 사랑

설렘과 기대감을 안고 하늘꿈학교에 첫발을 내디뎠다. 그러나 무작정 아이들을 붙잡고 인터뷰를 해야 할지, 선생님들에게 조언을 구해야 할지 막막했다.

나는 피상적인 탈북 이야기가 아닌 살아 움직이는 글을 쓰고 싶었다. 탈북 아이들 심연 깊은 곳의 이야기들을 끄집어내고 싶다는 열망이 컸다. 죽음의 강을 넘어 왔다는 아이들…… 이 땅에 와서도 이방인 대접을 받을 수밖에 없어 정체성에 혼란을 겪는다는 그들과 뜨겁게 소통하고 싶었다. 그러기 위해서는 발로 뛰는 길밖에 없다고 생각했다.

나는 교장 선생님의 안내로 탈북 아이들이 공부하는 교실부터 둘러보면서 하늘꿈학교에 대해 이것저것 듣기 시작했다. 하늘꿈학교는 검정고시를 치러야만 학력 인증을 받을 수 있는 대안학교라고 했다. 내심 탈북 아이들에게 검정고시가 부담으로 다가오지 않을까 우려되었다. 그것을 눈치챘는지 교장 선생님이 조심스럽게 설명했다.

"우리 선생님들과 머리를 맞대고 학력을 정식으로 인가 받는 것에 대해 고민을 많이 했지요. 하지만 아직은 아니라는 결론을 내렸어요. 우리 학교를 택하는 탈북 아이들은 공부에 대한 염원이 누구보다 간절해요. 하늘꿈학교에 가면 제대로 공부할 수 있다는 입소문이 탈북자들 사이에 돈 것 같아요. 공부가 하고 싶어 온 탈북 아이들에게 제대로 공부의 맛을 알게 해주는 환경을 만드는 것이 저희 몫이지요."

그래도 검정고시는 아이들에게 부담이 되지 않을까 싶었다. 교장 선생님은 내 마음을 읽기라도 한 듯, 조용한 목소리로 말을 이어 나갔다.

"북에서 온 아이들은 남한 학생들과는 다르거든요. 남과 북은 교육 체제가 다르죠. 기초가 절대적으로 부족한 아이들에게 3년간 가방만 들고 다녀도 졸업장이 나오는 건 의미가 없다고 생각했어요. 검정고시를 통과해야 한다는 긴장감이라도 있어야 공부를 하니까요."

이후 나도 직접 아이들을 가르치다 보니 교장 선생님의 말이 이해가 되었다. 탈북 아이들은 남한 아이들과 학습능력이 현저하게 차이가 났다. 한글도 모르는 학생이 있는가 하면, 북에서 영재학교를 다니던 아이도 있었다. 물론 남한 아이들도 일등과 꼴찌의 실력 차가 크지만 탈북 아이들의 문제는 또 달랐다. 이런 탈북 아이들에게 시간만 때우면 주어지는 졸업장은 한낱 종잇장에 불과한 것이었다.

탈북 아이들은 고졸 검정고시만 통과하면 특례 입학제도가 있어서 대학은 비교적 쉽게 들어갈 수 있다. 이 사실을 처음 알았을 때 나는 남한 아이들에 비해 탈북 아이들이 너무 쉽게 대학에 입학하는 것이 아닌가 싶었다. 그러나 탈북 아이들의 실상을 어느 정도 알게 되면서 이해가 되었다. 탈북 학생들은 대학생이 되어도 쉽게 학교에 적응하지 못한다. 유치원 때부터 사교육을 비롯해 차곡차곡 공부해 온 남한 아이들과는 경쟁의 대상조차 될 수 없을뿐더러, 수업 중 교수님이 하시는 말의 의미조차 몰라 힘들어한다.

하늘꿈학교는 대학 생활을 거친 이곳 졸업생들의 하소연을 들으며 더욱 검정고시를 고집할 수밖에 없었다고 한다. 그나마도 검정고시 준비를 위한 공부를 시키지 않으면, 그야말로 허깨비에 불과한 졸업생을 배출할 수밖에 없기 때문이다.

하늘꿈학교 60여 명의 학생들은 15세에서 25세까지 나이도 천차만별이다. 학생들은 남녀 혼반으로 구성한 학급에 기초반부터 중등반, 고등반, 대입반에 이르기까지 수준별 맞춤 교육을 받는다.

"맞춤식 교육을 통해 날로 쑥쑥 자라는 아이들을 볼 때 가장 큰 보람을 느끼지요."

교장 선생님이 뿌듯한 표정으로 말했다.

좁은 복도를 지나 '중등반'이라는 팻말이 붙은 교실에 들어섰다. 책상에 엎드려 있는 아이들 몇몇이 눈에 띄었다. 교실이 좁고 답답해서 아이들이 쉽게 지치는 건 아닌지 걱정이 되었다. 엎드려 있는 아이의 등이라도 두드려 주고 싶었다. 교장 선생님이 아이들의 건강에 대해 설명해 주었다.

"송파구청 보건소에서 우리 학교 아이들에게 건강검진을 한 적이 있어요. 그리고 어느 날, 보건소 담당자가 찾아왔더라고요. 폐결핵, 영양실조, B형간염 등 질병에 걸린 아이들이 너무 많아 무슨 집단인가 싶었대요. 우리 아이들이 탈북자란 걸 알고는 할 말을 잃은 보건소 직원의 얼굴이 지금도 생생해요. 그래도 지금은 나은 편이에요. 여기 와서 한 달만 지나면 확 달라져요. 몸도 건강해지고 키도 부쩍 크는 걸 눈으로 확인할 수 있지요."

교실을 둘러보니 열 명 남짓한 아이들 대부분이 키가 작고 영양상태가 좋아 보이지 않았다. 그러나 교실 분위기는 일반 학교 교실 풍경과 다를 바 없었다. 삼삼오오 모여 수다를 떠는 아이들, 연신 거울을 들여다보며 화장을 고치는 아이 등, 차림새도 남한 학생들과 비슷했다. 요즘 아이들이 즐겨 입는 스키니진 차림에 최신 유행하는 스마트폰으로 게임을 하는 모습이 영락없는 남한 도시 아이들 같았다.

아이들이 있는 교실 분위기를 어느 정도 익히자 나는 선생님들이 머무는 교무실이 궁금했다. 열댓 명의 선생님들은 여느 학교와 다름없이 아이들 상담이며 잡무 등으로 분주해 보였다. 조용히 앉아 차를 마시고 있는데, 어느덧 해가 뉘엿뉘엿 지고 있었다. 창문 너머 저녁노을이 유난히 따스하게 느껴졌다. 차를 다 마시고 자리에서 일어서려는데, 아주머니 한 분이 교무실로 들어섰다. 아주머니는 들고 온 분홍 보따리를 선생님께 건네며 수줍게 말했다.

"안녕하십까? 민혁이 엄마입다."

투박한 북한 사투리지만 친근감이 묻어났다. 나는 나가려다 말고 호기심에 아주머니를 바라봤다. 선생님들은 이웃집 아주머니가 마실이라도 온 것처럼 편안하게 대했다.

"민혁 어머니 웬일이세요?"

"대전에서 막 올라오는 길임다. 휴가라 잠시 들렀슴다."

아주머니는 일일이 선생님들과 악수를 나누며 인사를 했다. 선생님 한 분이 들뜬 모습으로 아주머니가 가져 온 분홍 보따리를 풀었다. 하얀 김이 모락모락 나는 백설기였다.

"와우! 떡이다!"

교무실에 볼 일을 보러 들어왔던 아이들이 함성을 질렀다. 곧이어 떡 파티가 열렸다. 나는 선생님들이 건네주는 떡을 먹으며 민혁 어머니의 말에 귀를 기울였다.

"제가 선생님들께 고마운 마음을 조금이나마 표할까 해서 떡을 해 왔슴다. 대전에서 미용사로 일하고 있는데 휴가 내고 달려

왔슴다."

　민혁 어머니는 감사의 마음을 표시하려고 동사무소에서 받은 쌀을 모아 백설기를 맞춰 왔다고 한다. 북에서는 떡 선물이 최고라는 말을 듣는 순간, 나도 모르게 목젖이 뜨끈해졌다. 따끈한 백설기를 먹는 선생님들과 아이들의 얼굴은 마냥 행복해 보였다. 민혁 어머니는 아이들과 선생님들이 한데 어울려 웃고 떠들며 떡을 먹는 모습을 뿌듯하게 바라보았다.

　"남한 사람들은 살찐다고 떡을 싫어하는 줄 알았슴네다. 그런데 이렇게 맛있게 먹어 주니 정말 기쁩네다."

　민혁 어머니는 순식간에 빈 접시만 달랑 남은 것을 보며 행복해하셨다. 마흔 중반쯤 되어 보이는 민혁 어머니 역시 아들처럼 키가 작았다. 한눈에 보아도 고단한 삶의 흔적이 역력했다. 나는 옛 우리 어머니들처럼 순박한 민혁 어머니의 모습에 친밀감이 느껴졌다. 나는 엄마 옆에 서서 연신 수줍은 미소를 짓는 민혁을 유심히 살폈다. 키가 작아 초등학생일 거라 짐작했는데, 선생님이 내게 열아홉 살이라고 일러 주었다. 공부보다는 운동을 좋아하는 활동적인 아이라고도 귀띔해 주었다. 민혁 어머니는 선생님들에게 감사의 인사를 전했다.

　"우리 아들 맡아 주셔서 감사함네다. 난 민혁이 하나 잘 키우려 여기까지 온 어밈네다. 북에서는 맘대로 공부할 수 없었슴네다. 교과서조차 맘대로 구할 수 없어, 내래 밤새 간부 자식 책 빌려다 교과서를 베꼈지 않았슴네까. 근데 여기 오니 책이 널렸고 공부하고 싶은 맘만 있으면 얼마든 기회가 있는 게 그저 꿈만 같슴네다."

이 말을 듣자 민혁은 쑥스러운지 슬며시 자리를 피했다. 엄마는 도망치는 아들의 뒷모습을 안쓰러운 표정으로 한참을 바라보더니 다시 말문을 열었다.

"저 아이가 못 먹어서 저리 키가 안 컸슴네다. 그대로 두면 굶어 죽을 것 같아 내래 아들 놔두고 중국으로 건너갔지 않슴네까? 그 세월이 무려 4년임다. 그동안 아들은 먹을 거 제대로 못 먹고 근심 밥을 먹느라 성장이 멈춘 것 아님네까. 어느 날, 큰 맘 먹고 죽을 줄 알면서도 중국에서 북으로 다시 넘어갔슴네다. 근데 아들 데리고 나오다 국경 수비대에 걸리고 만 검네다. 교화소에서 2개월 보내면서 지옥을 몇 번이나 다녀왔는지 모릅네다. 고문도 당하고 죽을 만큼 매도 맞고……. 내 몸무게가 30킬로그램밖에 안 될 정도로 몰골이 말도 아니었지요. 흑……."

민혁 어머니는 말을 하다 말고 목이 메는지 소리 죽여 흐느끼다가 말을 이었다.

"그런데 감옥에서 나온 내 모습을 아들이 보고는…… 도망을 치는 것 아님네까. 멀쩡하던 엄마가 해골처럼 변했으니 놀란 거이 당연하디요. 지금도 민혁이가 말을 안 들으면 그때의 엄마 모습을 떠올려 보라고, 목숨 걸고 여기까지 엄마가 널 데려왔는데 힘들게 할 거냐고 물으면 흠칫 놀랍네다. 너무도 끔찍했던 엄마 모습을 떠올리는 거디요. 아픔을 되새겨 주는 것이 미안하긴 하디만, 민혁이가 정신 차리고 자기 몫을 해나가길 바라는 마음으로 가끔 그때 이야기를 꺼내기도 하는 거디요."

그 말을 듣던 나는 온몸에 소름이 돋았다. 탈북자들이 쓴 수기라든가, 방송을 통해 어느 정도 그들의 실정은 짐작했다. 하지만 북에서 살던 한 어머니의 생생한 증언을 직접 들으니 느낌이 남달랐다.

"지금은 더 바랄 것이 없슴네다. 우리 아들이 열심히 공부해서 자기 길 찾기를 바랄 뿐임네다. 선생님들이 우리 아들 끔찍이 사랑해 주신다는 것, 아들이 자랑을 많이 해 알고 있슴네다. 무한 감사함네다. 제가 지금은 남의 가게 종업원이라 시간 내기 힘들디만, 앞으로 작은 미장원을 차릴 것임네다. 그때는 일주일에 한 번이라도 학교에 와서 아이들 머리를 직접 잘라 주겠슴네다. 그때까지 머리 자르는 실력을 최고로 키우겠슴네다."

아들을 위해 간부 자녀의 책을 빌려 밤새 필사를 했다는 어머니. 동사무소에서 받은 쌀을 아껴 두었다가 따끈따끈한 백설기를 만들어 한아름 들고 온 어머니의 사랑에 나도 모르게 고개가 숙여졌다.

민혁 어머니는 기차 시간이 되었다며 종종걸음으로 교무실을 나갔다. 자식을 향한 어머니의 애절한 사랑은 남과 북이 다르지 않았다. 하늘꿈학교를 나와 집으로 돌아오는 전철 안에서 습관대로 이어폰을 끼고 음악을 들으면서도, 나는 민혁 어머니의 백설기를 잊을 수 없었다.

> ……험한 산도 나는 괜찮소 바다 끝이라도 나는 괜찮소 죽어 가는 저들을 위해 나를 버리길 바라오 아버지 나를 보내주오 나는 달려가겠소……

가슴이 뜨거워졌다. 평소에도 〈사명〉이란 곡을 즐겨 듣긴 했지만 새삼 가슴에 와 닿았다. 처음 들은 탈북 어머니의 이야기는 매우 충격적이었다. 왠지 좀 전에 만난 민혁 어머니의 백설기 사랑을 전하라는 명령처럼 들렸다. 민혁 어머니에게 받은 감동을 나만 알고 있어서는 안 될 것 같았다. 그날의 강한 느낌이 어쩌면 나를 하늘꿈학교로 이끌었는지도 모른다.

눈물샘이 마른 아이

 하늘꿈 아이들은 내가 내민 손을 덥석 잡지 않았다. 아이들과 나 사이에는 분명 보이지 않는 벽이 있었다. 탈북 아이들은 쉽게 자기 속내를 드러내지 않았다. 자신들의 상처가 덧날까 하는 두려움의 표현이라는 것을 알기 전까지 나는 전전긍긍해야 했다.

 그런 내게 먼저 손을 내밀어 준 아이가 연희였다. 하늘꿈 선생님들은 평소에 말도 별로 없고 그림자처럼 숨어 지내던 연희가 나에게 친근감을 표하는 것이 의외라고 했다. 글쓰기 수업을 들어갈 때면 내게 미리 준비한 커피를 건네는 연희가 고마웠다. 맨 앞에 앉아 초롱초롱한 눈빛으로 내 말에 귀를 기울이는 아이. 연희는 질문도 잘하고 글쓰기에도 최선을 다했다.

 그러던 어느 날, 연희가 곤혹스런 표정으로 내게 말을 건넸다.

 "선생님, 제 속엔 쓰고 싶은 말이 많은데 막상 쓰려고 하면 무엇부터 써야 할지 막막해요! 그저 눈앞이 깜깜하고 절벽 끝에 선 것처럼 두렵기조차 해요."

연희는 정말 답답해 죽겠다는 표정으로 하소연했다. 연희를 누르고 있는 압박감의 정체가 궁금했지만 단도직입적으로 물을 수는 없었다.

"네 마음 가는 대로 써 봐. 너무 잘 쓰려고 애쓰지도 말고……. 그냥 솔직하게!"

"그게 잘 안 돼요."

그때까지만 해도 연희의 내면에 쌓인 상처와 사연이 너무 많아서 쉽게 물꼬를 틀 수 없다는 것을 몰랐다.

그렇게 어느 무더운 여름날이 다가왔다. 글쓰기 수업을 마치고 조금 지친 채 전철역으로 가고 있는데, 어디선가 연희가 나타나 말을 걸었다.

"선생님, 전철역까지 같이 가요!"

"연희, 넌 기숙사에 안 시나 보구나. 어디까지 가니?"

"김포공항 근처에 살아요. 저……, 사실은 오래 전부터 선생님과 이야기를 나누고 싶었어요."

그런 연희의 태도가 반가우면서도 나는 혹 연희에게 고민이 있나 싶어 걱정스러웠다. 우리 둘은 근처 빵집으로 갔다.

"선생님, 전 눈물샘이 마른 것 같아요. 웃고 있는 것도 가식 같고요. 진짜 내가 누군지 잘 모르겠어요."

연희가 자못 심각하게 말했다. 그런데 어이없게도 나는 연희의 말을 듣는 순간 '웃고 있어도 눈물이 난다'는 대중가요 가사가 떠올랐다. 그만큼 심각하게 생각하지 않았던 것이다. 하지만 계속 이어지는 연희의 이야기를 들으며 차츰 생각이 바뀌어 갔다.

"전, 일반 학교를 다니다가 하늘꿈학교에 들어왔어요. 일반 학교에 잘 적응하지 못했거든요. 제 남동생은 아직도 일반 학교에 다니고 있어요. 그런데 얼마 전에 함께 남한에 내려온 할머니가 돌아가셨어요. 그런데도 전, 눈물이 안 나왔어요. 울고 싶어도, 아니 남의 눈을 생각해서라도 울어야 하는데 눈물이 안 나오는 거예요. 그런 내가 나쁜 애인 것 같아 너무 싫었어요. 전, 눈물을 펑펑 흘릴 수 있는 아이들이 부러워요."

연희는 앞뒤 설명 없이 툭툭 말을 던졌다. 나는 자세한 내막을 몰라 그저 멍하니 아이를 쳐다보았다. 연희의 얼굴은 마치 인생을 다 산 노인처럼 스산해 보였다.

"혹 할머니한테 섭섭한 게 있었니?"

"……"

한동안 연희는 침묵을 지켰다. 나는 연희가 할머니와 사이가 좋지 않았던 건 아닐까 생각했다. 망설이던 연희가 다시 말문을 열었다.

"할머니는 짠순이였어요. 동생과 제게 운동화 한 켤레 제대로 사 준 적이 없어요. 늘 아끼는 게 일이었지요. 그런데 할머니만의 비밀

이 있었더라고요. 할머니한텐 정부에서 나온 지원금을 아끼고 아껴서 모은 1,000만 원이란 돈이 있었어요. 근데 같은 탈북자에게 그 돈을 꿔 주었는데, 어느 날 그 사람이 도망간 거예요. 그 일 때문에 속상해하시다 그만……. 전, 할머니가 그렇게 돈이 많은 줄 몰랐어요. 우리에겐 야박하게 하셨는데……."

"연희가 할머니한테 섭섭한 게 많았나 보네. 할머니가 아프셨니? 어떻게 돌아가셨니?"

"모르겠어요. 할머니는 저한테 한 번도 인자하게 말씀을 하신 적이 없어요. 무조건 야단치고 윽박지르기만 하셨지요. 그러다 갑자기 돌아가셨으니 할머니 속내를 모르죠. 별로 아프지도 않았는데……. 그런데 실은…… 자살하신 것 같아요. 그 1,000만 원 사기당한 것 때문에 속을 끓이시다가……."

가슴속에서 '꽝' 하는 소리가 들렸다. 북에서 남으로 오는 과정도 만만치 않았을 텐데, 어린 나이에 할머니 자살의 충격까지 받았다니! 바로 곁에서 가족의 자살을 지켜보아야 했으니 얼마나 놀랐을까? 나는 연희를 안쓰러운 표정으로 바라보았다. 그런데 놀랍게도 연희는 무덤덤하다 못해 냉담한 표정이었다. 살짝 미소까지 지어 보였다. 이 순간에 미소라니! 나는 당황스럽고 놀라 얼른 다른 쪽으로 화제를 돌렸다.

"엄마 아빠는 북에 계시니?"

그러자 연희는 금방이라도 울음보를 터트릴 것처럼 붉으락푸르

락거렸다. 말을 잘못한 것 같아 당황스러웠다. 대답하기 싫으면 안 해도 된다고 말하려는 순간, 연희가 한 마디 툭 던졌다.

"엄마는 아마 총살당했을 겁니다! 아빠처럼요!"

그리곤 빵을 부지런히 입으로 가져갔다. 눈빛 속에는 아무런 동요가 없었다. 슬픔도 기쁨도 아픔도 모르는 것 같았다.

나는 고개를 들어 밖을 내다보았다. 창밖에 비치는 사람들의 표정이 너무도 평화로워 보였다. 저들은 모를 것이다. 스무 살도 안 된 아이가 이토록 기막힌 사연을 안고 살아가고 있다는 것을.

"아빠가 소 장사를 했는데 몰래 소를 잡아서 팔다 잡힌 것 같아요. 북한에서는 당에서 모르게 소를 잡다 걸리면 총살감이거든요. 그 사실이 밝혀지면서 아빠는 사람들 앞에서 공개 처형당했어요. 동생과 나를 키워야 하는 엄마는 중국을 오가며 마약 거래를 하다 잡혔어요. 엄마가 감옥에 갇히자 사는 게 막막했고요. 그때 남한에 먼저 와 살던 작은아버지가 할머니를 부르면서 저와 동생도 데려오신 거예요."

북한에서 소를 몰래 잡거나 마약을 거래하다 잡히면 총살당한다는 것은 처음 듣는 말이었다. 엄마 아빠 이야기를 하면서도 연희는 연신 옅은 미소를 지었다. 나는 왠지 연희를 똑바로 바라볼 수 없었다. 내 앞에 앉아 있는 아이가 열아홉 살이라는 게 믿어지지 않았다. 어린 나이에 얼마나 충격을 받았으면 울어도 시원찮을 일에 미소까지 짓게 되었을까. 가슴이 아프다는 말은 이런 경우 너무

식상한 표현이다. 하지만 달리 표현할 말을 찾을 수가 없었다. 그래서 더욱 가슴이 먹먹했다.

"옛날에는 엄마 아빠 생각하면서 정말 많이 울었어요. 나 자신을 생각하면 너무도 불행하다는 생각밖에 들지 않고요. 살고 싶지 않았어요. 그때 이미 저의 눈물샘은 고장난 것 같아요. 그런데 할머니마저 기막히게 돌아가시고 마네요……."

내가 아무 말도 못하고 멍하니 있자 연희가 자조하듯 말했다.

"선생님, 눈물을 흘리는 것조차도 부질없다는 생각이 들어요. 그러다 보니 나도 모르게 웃음이 나오는 거예요. 어떤 사람은 슬픈 이야기를 하면서도 웃는 내가 무섭대요."

연희의 삶은 그 어떤 장편소설로 써도 부족할 것 같았다. 어린 나이에 어떻게 그토록 끔찍한 세월의 강을 건너 왔을까. 나도 모르게 빵을 먹다 말고 연희의 손을 잡았다. 연희가 슬며시 내 손을 뿌리쳤다. 거부가 아닌 쑥스러움 때문인 것 같았다. 잠시 침묵이 흘렀다. 분위기가 너무 무겁다 생각했는지 연희가 갑자기 목소리 톤을 높이기 시작했다.

"그런데요, 선생님! 세상엔 나쁜 일만 있는 건 같진 않아요. 우리에게 천사가 나타났거든요. 저는 김포 공항 근처에 있는 작은 교회에 다니고 있어요. 그 교회에서 저를 가르치는 선생님이 있는데, 우리에게 엄마가 되어 주고 계세요. 하나님께 서원한 것이 있어 결혼도 하지 않고 우리를 돌보신다고 해요. 매일 간식은 물론 청소까지 깨끗이 해놓고 우리를 기다리세요. 그래서 요즘 집에 들어가는 게 즐거워요. 마치 엄마가 살아 돌아오신 것 같다니까요."

연희는 그동안 교회는 나갔지만 하나님이 믿어지지 않았는데 자원봉사 선생님을 통해 하나님을 알아가고 있다고 했다.

"우리에게 온 천사는 우연이 아니라 하나님이 보내신 선물이에요."

탈북 아이들에 대한 사랑으로 연희와 동생을 위해 매일 좋아하는 반찬 한두 가지는 꼭 해주신다는 자원봉사자 엄마. 나는 연희의 이야기를 들으며 이 모든 일이 우연히 이루어진 일이 아니라는 생각이 들었다. 그들의 만남에는 분명 보이지 않는 하나님의 손길이 닿아 있었다.

며칠 후, 나는 연희를 상담하시는 목사님을 찾아갔다. 그분은 북에서 의사로 일하다가 남한에 와서 신학과 상담학을 공부하셨고 연희에 대해 누구보다 잘 알고 계셨다. 목사님은 연희가 지금 깊은 고통의 강을 힘겹게 건너는 중이라 하셨다.

어느 날, 졸업을 앞둔 연희가 사회복지학과에 가기 위해 자기소개서를 썼다며 가져 왔다. 연희는 남의 아픔을 자신의 아픔처럼 깊이 안아 줄 따뜻한 사회복지사로 살고 싶다고 했다. 연희는 몇몇 대학에 서류를 접수하고 면접을 보았지만 실패의 쓴잔을 맛보았다. 가슴 깊은 곳에 도사리고 있는 상처를 극복하지 못해 면접을 보면서 당황한 나머지 엉뚱한 대답을 했기 때문이다. 연희가 방황한다는 소리를 듣고 연락을 했지만 연희는 내 전화조차 받지 않았다. 다행히 연희는 올해 대학 진학에 다시 도전하여 이화여대 경영학과에 수시 합격했다. 연희는 곧 이어질 멋진 대학 생활을 준비하고 있다.

이후 연희를 만나 연희의 이야기를 글로 쓸 뜻을 내비쳤다.

"연희야, 선생님이 비록 미약하지만 네 이야기를 전해도 될까? 네가 당한 아픔, 네 가슴속에 한이 넘쳐 울 수조차 없다는 이야기. 그리고 네 안의 하나님에 대해……."

연희는 배시시 웃었다. 그 웃음은 가식이 아닌 기대가 듬뿍 담긴 미소였다. 나는 연희를 생각할 때마다 조지 오웰의 "과거를 지배하는 자가 미래를 지배하며, 현재를 지배하는 자가 과거를 지배한다"는 말이 떠오른다. 고통을 곰삭힌 연희가 분명 현재를 지배하는 사람이 될 거라는 믿음과 함께 언젠가 남의 아픔을 깊이 이해할 수 있는 따뜻한 사람이 되리라는 믿음도 들었다.

저는 꽃제비였슴다

하늘꿈학교에서 연희가 내게 처음 다가온 여학생이라면, 아들같이 친밀하게 다가온 남학생은 영민이었다. 영민이는 북한 생활과 탈북자들에 대해 백지 상태인 내게 길잡이 역할을 해준 친구이기도 하다. 처음부터 영민이는 다른 아이들과 달리 내게 자신을 많이 열어 보인 아이다.

"저는 꽃제비였슴다. 남한에서는 꽃제비라고 하면 특별한 아이들인 줄 아는데, 국경선 일대에선 널린 게 바로 꽃제빔니다. 배가 고프니까 쓰레기통이라도 뒤지는 건 당연하니까요. 근데 저 같은 아이들을 꽃제비라고 부른다는 건 여기 와서 알았슴다. 밥 빌어먹는 거지를 꽃제비라고 부르는 게 영 낯설었슴다."

처음에는 너무 솔직한 영민이의 모습이 낯설었다. 왠지 본모습을 숨기기 위해 가면을 쓴 게 아닌가 싶었다. 탈북 아이들 대부분이 자기 아픔을 드러내지 않는 것과는 대조적이었기 때문이다. 얼마 지나지 않아 나는 영민이가 하나님과의 만남을 통해 건강한 자아를 구축했기 때문에 솔직하고 당당한 모습이었음을 알고는 안심이 되었다.

영민이는 하늘꿈학교에서 가장 나이가 많지만 그야말로 기대주이다. 늦은 나이에 공부를 시작했지만 누구보다 열심이었기 때문이다. 학교 행사 때마다 영민이는 궂은일을 도맡아했다. 허드렛일도 마다하지 않고 묵묵히 일하는 모습이 참 듬직해 보였다. 한번 영민이와 관계를 맺은 사람이면 누구나 그를 신뢰하고 좋아했다.

영민이는 죽음 앞에서 극적으로 하나님을 체험했기에 신앙심이 깊었다. 하나님의 인도하심이 없었다면 자신은 꽃제비로 인생을 마쳤을 것이라고 고백하곤 했다. 후배들은 매사에 긍정적인 영민이를 오빠나 형처럼 잘 따랐다. 언제나 영민이는 후배들의 성실한 멘토가 되어 주었다.

대입 검정고시를 치르고 고심 끝에 대학에 입학한 영민이에게 한 통의 메일이 날아왔다.

> 선생님, 드디어 한 학기를 마쳤습니다.
> 남한의 대학생이 되었다는 설렘도 잠시, 나이도 많고 사회성도 부족한 제게 대학 생활은 낯설기만 했습니다. 두만강을 건너

제3국은 건널 때보다 더 힘들었습니다. 기계자동차공학을 공부하려면 수학이 필수인데 제 실력으로는 턱도 없었습니다. 아예 포기하고 싶을 만큼 절망적이었지요. 그러나 포기할 수도 없었습니다. 저는 밤을 새워 책과 싸웠습니다. 해도 해도 이해가 안 되는 건, 시험 보기 전까지 몽땅 외워 버렸습니다.

선생님! 그렇게 해서 1학기 동안 얻어 낸 성적표입니다. 왠지 선생님께 이 성적표를 보여 드리고 싶어 보냅니다.

스물일곱 살의 대학 새내기 영민이가 겪었을 아픔이 눈앞에 그려져 콧등이 찡해졌다. 영민이의 성적은 그리 나쁘지 않았다. 하늘꿈학교에서 대입 검정고시를 준비하고 통과한 뒤 대학에 입학한 것을 감안하면 오히려 뛰어난 성적이었다. 나는 영민이의 성적표를 보다 말고 생각에 잠겼다. 자식이 대학에 입학해 받아 온 성적표를 보며 즐거워해야 할 사람은 사실 그의 어머니일 텐데…… 그 어머니는 지금 어디를 헤매고 계실까?

언젠가 영민이가 들려준 가족사는 슬픔 그 자체였다. 함경북도 청진에서 살던 영민이는 늘 부모님의 부부싸움을 보고 자랐다고 한다. 거기다 끼니조차 잇기 힘들 만큼 형편이 어렵게 되자 집안 분위기는 더욱 냉랭해졌다. 그러던 어느 날, 영민의 엄마는 소리 없이 사라졌다. 영민이는 아빠와 함께 엄마를 찾기 위해 통행증을 끊어 북한 전 지역을 돌아다녔다. 굶다가 너무 허기가 지면 구걸까지 하면서 말이다. 아빠는 대쪽같이 곧은 성격에 자존심이 강했는데 엄마의 무단가출로 집안은 풍비박산이 났다. 삶의 모든 의욕을 잃고 분노에 빠져 있던 영민의 아빠는 어느 날 영민에게 강을 건널 것을 제안했다. 그렇게 죽을힘을 다해 두만강은 건넜지만 여전히 배고픔에 시달렸다. 국경선 일대에서 구걸도 하고 조선족이 사는 집에 들어가 쓰레기통도 뒤졌다. 다리 밑에서 칼바람 맞으며 잠을 청하기도 했다. 그러다 북한 수비대에 잡혀 꽃제비 수용소에 갇히게 되었다. 그곳에서 영민이는 지옥이 있다면 바로 이곳이겠구나 하는 생각이 들 만큼, 혹독한 옥살이를 경험했다. 감옥에서 죽느니 차라리 탈출하다 죽겠다는 오기가 생겼다. 영민이는 그 시절을 생각하며 이렇게 말했다.

"나중에 제가 하나님을 만나고 생각하니, 그때 뭔가 가슴에 불 같은 것이 들어왔는데 바로 성령이었어요. 그때부터 무조건 '하나님'을 찾았지요. 꽃제비 수용소를 탈출해 중국에 와서도 고난은 계속되었어요. 중국 공안들의 눈을 피하기 위해 아버지와 남동생과 저는 뿔뿔이 흩어져 살아야만 했지요. 다행히 마음씨 좋은 조선족 아저씨를 만나 농장에서 일을 배우기도 했어요. 그곳에서 생전 처음 '하나님'이라는 말을 들었어요. 신앙을 갖고 보니 이 세상에 두려울 게 없더라고요. 아버지와 동생과 헤어져 사는 것이 힘들었지만, 다행히 온 식구가 남한에 오게 되었잖아요. 비록 엄마는 함께

하지 못했지만요."

 엄마의 가출, 도강, 꽃제비 수용소, 탈출 등, 영민의 삶은 영화보다 더 드라마틱했다. 그러나 상상도 못할 만큼 힘든 일을 겪어온 영민의 얼굴은 의외로 평온했다.

 "그렇게 힘든 과정을 겪었는데도 네 얼굴에는 어두움이 없어. 어떻게 그럴 수 있니?"

 나는 조심스럽게 물었다. 영민은 특유의 미소를 지으며 내게 답했다.

 "선생님, 남한에 내려와 힘든 일이 많았지만 예전에 제가 겪은 일들을 생각하면 지금 제 고민은 사치에 불과해요. 저는 힘들 때마다 꽃제비 수용소에서 겪은 고문이나 짐승 취급받았던 일들을 떠올려요. 저 자신을 스스로 채찍질하기 위해서지요."

 어른스러운 영민의 이야기를 들을 때마다 나는 부끄러웠다. 내가 고민하고 있는 것들이 검불처럼 가볍다는 것을 피부로 느끼기 때문이다. 내게는 영민과 동갑인 아들이 있다. 나는 영민을 볼 때마다 내 아들을 온실 속 화초처럼 키운 건 아닌지 자책하게 된다. 어느 날, 영민이가 내게 한 말을 나는 두고두고 잊을 수 없을 것 같다.

 "선생님, 저는 스물다섯이 넘어서야 처음으로 책을 읽어 봤어요. 근데 너무 재밌는 거예요. 광산에서 금을 캐는 것 같았어요. 그때부터 학교에 있는 책을 무조건 읽었지요."

 영민은 틈만 나면 책을 읽었다. 그리고 자신에게 맞는 세미나나

모임이 있으면 어디든 달려갔다. 지식의 곳간을 채우기 위해 동분서주하는 모습을 보며 대견하면서도 한편 마음이 짠했다. 영민은 점점 지혜와 지식이 쌓여 갔다. 또한 다방면에 박식해졌다. 영민과 이야기를 나누다 보면 정치, 경제, 문화, 철학 등 막힘이 없어 화제가 풍성했다.

"탈북자들이 영민이처럼 살면, 그들에 대한 부정적인 시각이 사라질 거예요. 성실하게 자기관리를 하면서 나날이 발전하는 아이니까요."

하늘꿈학교 선생님들은 한결같은 목소리로 영민이를 칭찬했다. 주위로부터 사랑 받을 일을 스스로 만들어 가는 아이, 영민은 보면 볼수록 듬직했다. 나는 꽃제비였던 영민이가 성장해 가는 모습을 볼 때마다 마구 자랑하고 싶어진다.

"여기 시련의 담금질을 통해 강철로 변한 탈북 청소년의 롤모델이 있어요!"라고 말이다.

하늘꿈학교 가족여행

내 학창시절은 온통 회색빛이었다. 감성이 예민한 나이에 엄마와 헤어져 사는 아픔이 컸던 탓이다. 나는 동굴 안에 갇혀 사는 아이처럼 늘 혼자였다. 그런데 엄마나 아빠가 참석해야 하는 학교 행사는 왜 그렇게도 많은지. 그때마다 나는 눈치껏 행사를 피해 밖으로 나와 눈가를 훔쳤다. 엄마를 향한 그리움, 아버지에 대한 증오심으로 범벅이 된 눈물. 어린 내게 '가족'이란 말은 멍에이자 슬픔이었다.

나와는 상황이 다르지만 '가족'이란 말만 들어도 눈시울을 적시는 탈북 아이들. 북에서 홀로 넘어와 어느 누구도 의지할 데 없는 하늘꿈학교 아이들에게 5월은 잔인한 달일 수 있다. 물론 그들 중에는 부모님이 먼저 남한에 와 정착한 경우도 있긴 하다. 하지만 그런 아이들도 부모님과 이런저런 이유로 떨어져 사는 경우가 허다하다. 어찌 보면 북에 가족을 두고 와 애달파 하는 아이들보다 같은 남한 땅에 살면서도 남처럼 사는 아이들이 더 많은 상처를 안고 있는지도 모른다. 공부 때문이든, 부모님이 남한에 내려와 각기 다른 가정을 이룬 탓이든, 아이들은 저마다의 이유로 외로워했다.

가정의 달 5월이면 온통 '가족' 이야기다. 그래서 탈북 아이들에게 5월은 명절만큼이나 쓸쓸하고 아프다. 그 마음을 알기에 학교에서는 해마다 무연고 아이들을 위한 '가족여행'을 떠난다.

지난해에도 가족여행이 있었다. 아이들은 엄마 아빠가 되어 주는 학교 선생님들과 1박 2일로 남이섬에 다녀왔다. 서울에서 버스로 한 시간 반 정도 달린 후 가평 선착장에 도착했다. 선착장에서 5분 정도 배를 타고 들어가니 그림처럼 아름다운 남이섬이 나타났다. 비가 그칠 줄 모르고 내리는데도 아이들은 행복해하며 삼삼오오 모여 사진을 찍었다. 동심 속으로 여행을 떠난 아이들의 모습은 천진난만했다. 그 모습을 카메라에 담느라 여념이 없는 선생님들도 마찬가지였다.

"아이들에게 앨범을 만들어 주려고요. '가족 앨범 만들기'죠. 우리 아이들은 '앨범'이라는 말조차 모르거든요. 앨범을 만들어 주면 분명 멋진 추억이 될 거예요."

선생님의 말에 신입생 미숙이가 어린아이처럼 손뼉을 치며 좋아했다.

"정말이에요, 선생님? 잘 간직했다가 통일되면 엄마한테 보여 줄

게요."

 아이들은 강을 배경으로 익살스런 표정을 지으며 사진을 찍고, 드라마를 촬영했던 세트장 앞에서는 영화의 주인공이 된 듯 한껏 포즈를 취하기도 했다. 아이들과 선생님들이 오누이처럼, 혹은 자매처럼, 엄마와 딸처럼 서로 어깨동무를 하며 추억을 만들어 가는 모습이 참 보기 좋았다.

 우리는 재미있는 시간을 보내고 펜션으로 가는 구불구불한 산길에 올랐다. 그 산길 위에서 오른편을 바라보니 남이섬으로 들어가는 선착장과 강이 한눈에 내려다보였다. 아이들은 그 풍경을 보자 자리에서 벌떡 일어나 흥분된 목소리로 말했다.

 "선생님, 정말 북한의 두만강 같아요. 저쪽에 보이는 도시는 꼭 중국 같고요. 북한은 밤이면 전기가 안 들어와서 깜깜하거든요. 근데 건너편 중국은 늘 불빛이 휘황찬란하지요. 저는 늘 그 불빛을 바라보면서 생각했어요. 저곳이 지상 낙원일 거야. 그러면서 그 강을 건널 날을 기다려 왔지요."

 "맞아요! 정말 북한에서 바라본 중국 땅 같아요. 신기해요."

 "지금 내가 지상낙원에 온 것 맞죠? 네?"

 한 아이가 물꼬를 트자 모두 뒤질세라 북한 얘기를 쏟아냈다. 아이들의 눈빛에는 그리움이 가득했다. 어린 시절 나도 엄마를 그리워해 봤기에, 그 그리움의 실체를 누구보다 잘 알기에 목울대가 울렁거렸다. 아이들은 숙소에 들어와서도 밤새 떠드느라 쉽게 잠들지 못했다. 학교나 기숙사에서 미처 몰랐던 서로에 대해 알아가며 정을 나누었다. 선생님들도 아이들과 이야기를 나누느라 밤이 깊어 가는 줄 몰랐다.

다음 날, 가족여행을 마치고 돌아오는 버스 안에서 한 아이가 갑자기 북한 노래 한 곡을 선창했다.

"김치깍두기 맛 참 조씨다~ 된장~~~ 도시락~~~."

아이들은 모두 약속이나 한 듯이 노래를 따라 불렀다.

"김치깍두기 맛 참 조씨다~ 된장~~~ 도시락~~~."

아이들의 얼굴은 환히 빛났다. 그런데 갑자기 하나원에서 나온 지 얼마 되지 않은 인희가 벌떡 일어났다. 모두들 놀란 눈으로 인희를 바라보았다. 인희는 자신에게 쏠리는 시선에 아랑곳없이 두 주먹을 꼭 쥔 채 성토하듯 말했다.

"선생님! 북한에 있을 땐 항상 배고픈 생각만 들었는데, 이렇게 멋진 풍경을 보고 맛있는 음식도 실컷 먹으니 절로 웃음이 나와요. 정말이지 꿈만 같아요. 지금 내가 진짜 내가 맞나 싶을 정도로요. 그래서 한편으론 화가 나고 억울하기도 해요."

이건 또 무슨 반전인가 싶어 인희를 쳐다보았다. 연희가 말을 이었다.

"왜 전에는 이런 세상이 있다는 것조차 몰랐을까요? 오랫동안 이토록 좋은 세상이 있다는 걸 모르고 산 게 억울해요. 북에 있는 내 가족이 이런 세상이 있는 줄 모르고 사는 것도 안타깝고요. 얼른 통일이 되어 엄마 모시고 여기 또 오고 싶어요."

저마다 아이들의 얼굴에서 인희와 비슷한 생각을 하고 있음을 읽을 수 있었다. 가슴이 짠했다. 왜 아닐까. 꿈속에서라도 엄마 얼굴 실컷 보고 싶다는 아이들인데…….

가족여행을 다녀온 뒤, 나는 아이들에게 그때를 생각하며 글을 쓰도록 했다.

남이섬으로의 가족여행

양미란

남한의 5월은 온통 가족 행사로 분주하다. 남한 아이들이 가족과 함께 즐거워하는 모습을 보면 나는 더욱 외로워진다. 중국으로 돈 벌러 간 뒤 못 만나게 된 엄마는 지금 어디에 계신 걸까? 내 마음을 눈치챘는지 우리 학교에서 여행을 준비해 주셨다. 바로 남이섬으로의 1박 2일 가족여행이다.

금요일 오전 수업을 마치고 출발한 버스는 오후 세 시경 남이섬에 도착했다. 처음에는 남이섬 곳곳을 둘러보았다. 드라마 〈겨울연가〉를 촬영한 곳도 둘러보고, 경치 좋은 곳에서는 사진을 찍느라 정신이 없었다. 중국에 있을 때 이 드라마를 보고 남한에 가고 싶다고 생각했는데 내가 진짜 이곳에 와 있다니 믿기지 않았다. 나는 하늘꿈학교 선생님들을 비롯해 자원봉사 선생님들과 여기저기 구경을 하며 이야기를 나누었다. 한 가족이 된 듯이 기분이 좋았다.

이번 남이섬 여행은 좀 특별했다. 갈 때부터 비가 추적추적 내리더니 섬을 돌면서 구경하는 동안에도 계속 보슬비가 내렸다. 비를 맞으면서 걷는 게 무척 좋았다. 평소 비를 싫어하는데 이번 비는 마치 나를 쓰다듬어 주던 엄마 손길 같았다.

남이섬을 다 둘러보고 숙소에 왔다. 아름다운 강물이 보이고 멋진 산에 둘러싸인 그림처럼 예쁜 펜션. 이토록 멋진 집에서 잠을 잘 수 있다니 가슴이 터질 것 같았다. 우리는 도착하자마자 바비큐 파티를 준비했다. 고기며 과일 그리고 맛있는 간식들. 우리는 밤새 먹고 마시고 노래하며 즐거워했다. 좋아하는 고기를 정말 원 없이 먹었다. 이렇게 실컷 먹어 본 적이 언제인가……. 나 혼자 이렇게 배불리 먹어도 되나 싶은 생각이 들자 목이 멨다. 하지만 이렇게 좋은 날 나 때문에 분위기를 망쳐서는 안 되지 싶어 입술을 앙다물고 웃었다.

다음 날은 춘천에 가서 산악 바이크도 타고 닭갈비도 먹었다.

이번 여행을 통해 나는 또다시 하늘꿈학교 선생님들이 얼마나 우리를 사랑하시는지 알게 되었다. 선생님들은 언제나 우리를 위해 좋은 일을 마련하려고 기도하며 최선의 것을 준비해 주신다. 하지만 우리는 선생님들의 속을 헤아리지 못하고 마음을 아프게도 한다. 나는 그나마 선생님들께 착하게 구는 편이지만, 아직도 선생님들의 사랑에 보답하려면 멀고도 멀었음을 깨달았다. 앞으로는 부모님이 되어 주시는 선생님들께 더 좋은 모습을 보여 드려야겠다.

비록 지금은 북한에 있는 가족들과 함께하지 못할지라도 언젠가 통일이 되면 가족들과 함께 남이섬에 꼭 다시 올 것이다. 그런 날이 머지않아 올 것은 이번 가족여행에서 다시금 느꼈고, 나는 결코 외로운 존재만이 아님도 알게 되었다.

이번 하늘꿈학교 선생님들과 친구들과 함께한 가족여행은 영원히 잊지 못할 것이다. 이번 여행을 통해 나는 '가족도 만들어질 수 있다'는 것을 실감했다.

외로움이여! 이제 안녕.

나는 아이들의 글을 읽으며 잠시나마 그들에게 '엄마'가 되어 주는 일이 얼마나 소중한지 깨달았다. 특히 미란이의 글을 읽으면서 둔치로 한 대 얻어맞은 느낌이 들었다. 나는 '가족은 혈연관계를 떠나서도 만들어질 수 있다'는 것을 지금까지 상상조차 하지 못했기 때문이다.

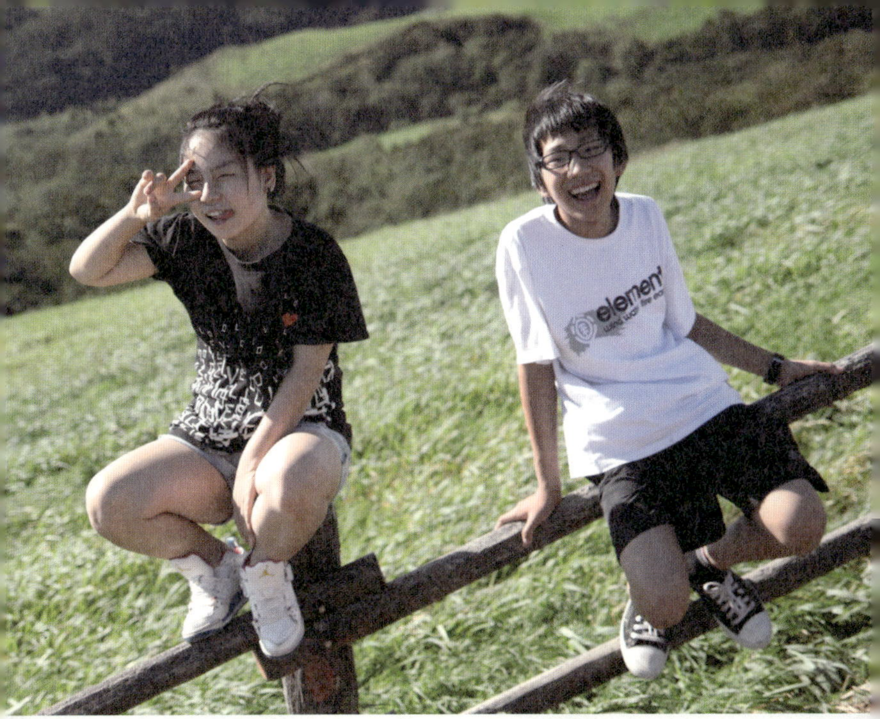
element

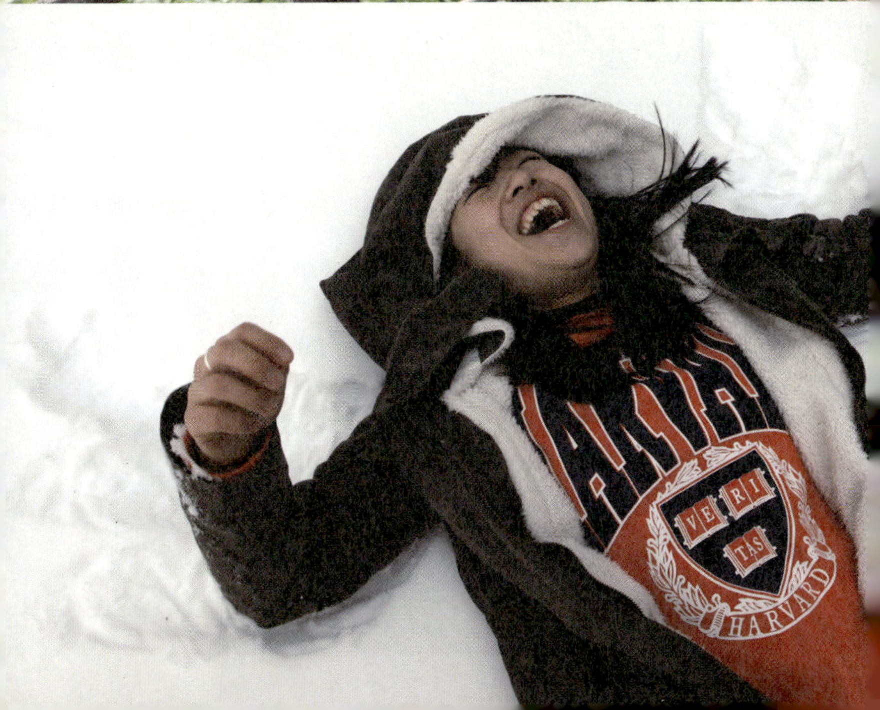
VE RI
TAS
HARVARD

스파게티보다
강냉이국수가 더 맛있습다

 지숙은 첫인상이 매우 단아하고 예쁜 아이다. 자존심이 세고 성취욕이 강해 공부는 물론 노래, 영상 작업 등 무엇이든 열심히 한다. 그런데 지숙의 얼굴에는 늘 보이지 않는 그늘이 있었다.

 지숙은 여럿이 모인 자리에서는 입을 꼭 다물고 있을 때가 많았다. 지숙은 자기 속내를 절대 보이지 않았다. 다른 아이들이 내게 북한에서의 생활이라든가 남한에 와서 겪는 고민을 허심탄회하게 털어 놓는 것을 못마땅한 표정으로 바라보기도 했다. 그런 지숙이 내내 마음에 걸렸다.

 나는 남이섬에 다녀온 후 지숙을 우리 집에 초대했다. 지숙이가 남한에 혼자 넘어왔다는 이야기를 들었기에 '집밥'을 먹이며 이야기를 나누고 싶었다. 지숙은 나의 초대에 기꺼이 응해 주었다. 긴장한 얼굴로 우리 집 현관에 들어설 때와는 달리 조금씩 편안해지더니 서서히 마음의 빗장을 풀기 시작했다. 지숙과 책도 보고 옥상에 올라가서 텃밭도 구경하다 보니 배가 고파왔다. 나는 마음먹은 대로 집밥을 먹일 작정이었다. 그런데 지숙이가 집밥보다는 외식을 하고 싶다고 했다. 대학로에 왔으니 이곳저곳 구경하면서 이야기를 나누고 싶다고 했다.

대학로를 둘러보며 나는 조심스럽게 물었다.

"지숙아, 왜 북에서 혼자 왔니?"

아이들에게 북한에서의 삶이나 가족사를 묻는 것은 언제나 쉽지 않은 일이다. 탈북 아이들의 상처를 건드릴까 조심스럽기 때문이다. 특히 생각이 많고 입이 무거운 지숙에게는 더욱 힘든 일이었다. 그런데 밖에 나와 따로 만나서인지 지숙은 의외로 자기 이야기를 쉽게 풀어 놓았다.

"아빠는 선생님이었고 엄마는 도자기 굽는 예술인이었어요. 두 분 모두 북에서 꽤 인정받은 분이셨지요. 그래서 저는 배고픈 줄도 모르고 살았고 사랑도 많이 받았어요."

그런데 왜 탈북을 했을까.

"근데 어느 날, 아빠가 술을 드시고 정부 정책에 비판을 하셨나 봐요. 그 말이 금방 상부에 보고되었고 하루아침에 집안이 풍비박산이 났어요. 아빠가 감옥에 갇히자 엄마는 혼자 집안을 꾸려가셨지요. 중국을 오가며 장사를 하셨어요. 그때는 엄마가 무엇을 하는지 잘 몰랐는데 나중에 알고 보니 밀수를 하셨던 거예요."

이 정도 이야기라면 하늘꿈학교 아이들 누구나 갖고 있는 아픔이다. 그런데 지숙은 힘들지 않게 살아왔기에 밑바닥 생활을 인정하기까지 더 많은 시간과 고통이 따랐던 것이다.

"전, 동네 언니를 따라 중국에 가 돈을 벌기로 했어요. 무너진 집안을 다시 세워야겠다고 생각했지요. 엄마 몰래 도망을 쳤어요. 돈만 벌면 다시 북한으로 돌아가려 했지요. 이렇게 남한까지 오리란 생각은 꿈에도 못했어요. 두만강을 건너 와 중국에 살면서 저는 제 처지를 뼈저리게 느꼈어요."

지숙은 중국의 한 식당에서 일하면서 모진 학대를 받았다고 했다.

"탈북 여성들에게 인신매매의 덫은 어디서나 도사리고 있어요. 식당 사장이던 조선족 아저씨는 저를 공안에 넘기겠다고 협박하면서 월급을 떼어 먹기도 했지요. 치사하고 짐승 같은 사장이었어요."

말을 마친 지숙이 두 눈을 꼭 감았다. 그때의 악몽을 떠올리게 한 것 같아 미안했다. 어느 날 지숙은 설거지를 하다 남한 텔레비전 프로그램을 접하게 되었다고 한다.

"남한 방송을 통해 남에 가면 맘대로 공부를 할 수 있다는 걸 알고 가슴이 뛰었어요. 그때부터 저는 몰래 남한으로 가는 루트를 찾기 시작했어요."

지숙은 자신이 먼저 남한에 와 정착한 뒤 엄마와 동생을 데려 올 생각이었다고 한다. 지숙은 입술을 지그시 물었다.

나는 지숙을 젊은이들이 좋아한다는 퓨전 음식점으로 데려갔다. 지숙은 음식을 앞에 두고도 그리 달가운 표정이 아니었다.

"대학로에서 가장 맛있는 집이야. 실컷 먹어!"

"네, 잘 먹겠습다."

지숙은 특유의 이북 사투리를 섞어 가며 밝게 대답했다. 그러나 잘 먹겠다는 시원한 대답과는 달리 젓가락질이 별로 활발하지 않았다.

"왜, 입맛에 안 맞니? 다른 것 시킬까?"

지숙은 입으로는 맛있다고 하면서도 전혀 맛있어 보이지 않는 표정이었다.

"선생님, 사실 전 아직도 남한 음식이 낯설어요. 스파게티보다는 강냉이국수가, 마늘빵보다 엄마가 해준 꼬장떡이 더 맛있습다."

아뿔싸! 그제야 나는 경솔하게도 지숙에게 먹고 싶은 음식이 뭐냐고 묻지 않은 것이 생각났다. 당연히 피자나 스파게티 같은 음식을 좋아하리라 생각했던 것이 실수였다.

"근데, 꼬장떡이 뭐니?"

"어머니가 밥을 지으면서 솥 가장자리에 강냉이 풀데기를 붙였다가 만들어 준 빵인데 아주 고소하고 맛있습다."

지숙이의 눈이 빨개졌다. 나는 당황했다. 얼른 수건을 꺼내 아이에게 건넸다. 어머니가 해주시던 꼬장떡. 그것은 그리움의 상징이리라. 나도 어린 시절 어머니가 해주던 쑥개떡이란 말만 들어도 가슴이 울렁거리는데, 북에 어머니를 두고 온 아이는 오죽할까. 그 날 이후 지숙은 나에게 많은 부분을 오픈했다.

그러던 어느 날이었다. 지숙이 마치 벼랑 끝에 선 것처럼 불안한 표정으로 내게 다가왔다.

"엄마가 지금 중국 감옥에 갇혔다는 소식을 듣게 되었어요. 북한에서 마약을 갖고 중국 장마당에 나와 팔려다 잡혔대요. 딸이 남한에 살고 있다는 걸 알고 죄가 더 무거워진 것 같습니다. 나 때문에…… 엄마가……."

입시가 얼마 남지 않았지만 전혀 책을 볼 수 없다며 눈물을 글썽이는 지숙이가 너무 안쓰러웠다. 하지만 내가 해줄 수 있는 것은 아무것도 없었다. 그저 아이의 손을 잡고 기도해 주는 방법 외에는.

며칠 후 글쓰기 수업에 지숙은 중국 감옥에 갇혀 있는 엄마에게 편지를 썼다.

철창 안에 갇혀 있는 엄마

아무리 울지 않으려 해도 눈물이 앞을 가리네요.
춥고 차가운 감옥 안에서 고생하고 있을 우리 엄마, 얼마나 힘드세요?
엄마가 중국 감옥에 잡혀 있다는 이야기를 듣는 순간 하늘이 무너지는 것 같았어요. 그 생각만 하면 지금도 잠이 안 와요. 제가 엄마를 도울 수 없다는 사실이 저를 더 힘들게 해요. 비행기로 한 시간만 가면 되는 거리에 있는 엄마. 차가운 감옥에 엄마가 갇혀 있는데 찾아갈 수도, 편지를 할 수도 없는 이 상황이 너무나 답답해요. 그래서 엄마 생각만 하면 심장을 바늘로 콕콕 찌르는 것처럼 아파요.

엄마, 엄마……!

엄마를 다시 부를 수 있는 날이 오겠지요? 엄마의 그 고운 얼굴을 다시 만져 볼 수 있는 날이 꼭 오겠지요? 저는 그 희망을 놓지 않고 살 거예요! 그 희망으로 외롭고 힘들지만 참고 견딜 거예요. 다른 아이들이 너무도 쉽게 '엄마'라고 부르는 단어가 제게는 세상에서 가장 불러보고 싶은 소원의 말이 되고 말았어요.

엄마, 지금 제 곁에는 진짜 엄마 아빠는 아니지만 극진히 가족이 되어 주시는 선생님과 교회 식구들이 있어요. 그러니 제 걱정은 하지 마세요. 저는 공부도 잘하고 있어요. 1등도 해보았어요. 탈북자도 성공할 수 있다는 걸 꼭 보여줄 거예요! 그러니 제 걱정은 말고 꼭 살아서 만나요. 그리운 엄마…….

20**년 *월 *일

지숙 올림

요즘 나는 대학 생활을 잘 하고 있다는 지숙의 소식을 종종 듣는다. 동아리 활동도 열심히 하고 어학 공부며 선교 활동에도 열심이라는 소식을 들을 때마다 가슴이 뿌듯하다. 매사에 성실하며 성취욕이 강한 지숙은 반드시 성공이라는 배를 타게 될 것이다. 지숙이가 하늘꿈학교 후배들에게 '꿈꾸는 자는 반드시 이룬다'는 말을 전하게 될 날을 기대해 본다. 중국 감옥에 있다는 지숙의 어머니도 그때쯤이면 자유의 몸이 되었으면 좋겠다.

눈물로 세워진 하늘꿈학교

 하늘꿈학교 교무실을 처음 봤을 때는 여느 남한 학교와 별반 다르지 않다고 생각했다. 그러나 시간이 흐르면서 분위기가 사뭇 다르다는 것을 알게 되었다. 학생들이 수시로 교무실을 드나들며 접시에 담아 놓은 과자도 집어먹고 편하게 음료수도 따라 마신다. 어떤 학생은 선생님을 끌어안고 뱅글뱅글 돌며 어리광을 부리기도 한다. 덩치가 선생님보다 두 배나 큰 아이들이 응석 부리는 걸 보면서 처음에는 낯설었다. 위계질서가 너무 없는 건 아닌가 걱정도 되었다. 하지만 자유로운 그 모습이야말로 하늘꿈학교 아이들이 누리는 특권임을 곧 알게 되었다.

 선생님들은 쉴 틈이 없었다. 낮에는 아이들과 눈을 마주치며 공부를 가르쳤고, 저녁이면 기숙사 엄마 아빠가 되어 아이들을 보살폈다. 나 같으면 피곤에 절어 온몸이 파김치가 되었을 텐데, 하늘꿈학교 선생님들의 얼굴에는 전혀 그런 기색이 없었다. 선생님들은 늘 사랑으로 가득 차 있었다. 나는 뻐딱하게도 처음에는 위선이 아닐까 의심의 눈초리로 바라보았다. 하지만 선생님들이 아이들과 생활하는 걸 직접 보면서 그렇지 않음을 알 수 있었다. 도대체 그들의 넘치는 사랑의 힘은 어디서 오는 걸까 궁금했다.

때마침 스승의 날이 다가왔다. 나는 스승의 날 행사가 궁금하기도 했고 아이들과 선생님들의 관계를 면밀히 살펴 볼 기회라는 생각에 학교를 찾았다.

하늘꿈학교 강당에 60여 명의 학생들이 모였다. 학생들은 선생님 한 분 한 분을 모셔 오더니 가슴에 빨간 카네이션을 달아 주었다. 그러고는 부드러운 눈빛으로 선생님들을 바라보며 피아노 반주에 맞춰 정성스레 노래를 불렀다.

"스승의 은혜는 하늘같아서 우러러 볼수록 높아만 지네. 참 되거라 바르거라 가르쳐 주신 스승은 마음의 어버이시다. 아—아! 고마워라. 스승의 사랑. 아—아! 보답하리. 스승의 은혜."

나도 모처럼 〈스승의 은혜〉를 따라 불렀다. 그런데 웬일인가! 양손을 가지런히 모은 채 노래를 부르던 한 아이가 느닷없이 소리 내어 우는 게 아닌가. 그러자 여기저기서 흐느끼는 소리가 들렸다. 나는 아이들이 각본에 의해 연기하는 건가 싶어 두리번거렸다. 하지만 그런 것 같지는 않았다. 아이들의 표정에는 진심이 담겨 있었다. 어떤 아이는 목청껏 "선생님!" 하고 부른 뒤, 담임 선생님 품에 안겨 울기도 했다. 아이들이 고개를 들지 못하고 연신 눈물을 훔치는 모습을 보며 선생님들도 흐느껴 울기 시작했다. 그때 여학생 회장인 금순이가 나와 선생님들 한 분 한 분의 이름을 부르며 기도했다.

"하나님, 아버지! 광야에 버려진 거나 다름없는 저희를 사랑으로 받아 주신 임향자 교장 선생님을 위해 기도합니다. 교장 선생님은 병마에 시달리면서도 우리를 위해 기도하고 간구하십니다. 교장 선생님의 건강을 지켜 주시고, 그 마음 또한 주님이 헤아려 주세요."

금순이가 들어가자 이번에는 평소 지각이나 결석 등으로 선생님들의 속을 끓이던 미실이가 나왔다.

"학교에서는 회초리를 아끼지 않는 선생님. 그러나 기숙사에서는 푸근한 엄마로 우리를 품어 주시는 도레미 선생님을 위해 기도합니다. 우리가 철이 없어 선생님의 마음을 아프게 할 때가 많습니다. 특히 저는 선생님의 속을 많이 태웠습니다. 하나님, 용서해 주세요. 주님이 이 시간 선생님의 마음을 위로해 주세요."

아이들은 차례차례 나와 기도의 줄을 이어 나갔다.

"주님, 강윤희 선생님을 위해 기도드립니다. 오라는 곳도 많고 능력도 많은 선생님인데 오직 우리를 사랑하는 마음으로 하늘꿈학교에 머물게 하시니 감사드립니다."

아이들이 눈물로 기도할 때마다 선생님들은 물론 아이들도 한 목소리로 '아멘'을 외쳤다. 그러고는 같이 끌어안고 눈물을 흘렸다. 이렇게 기도가 끝난 뒤 아이들은 각자 준비한 대로 선생님들께 작은 선물을 드렸다. 어떤 아이는 직접 접은 종이학을 주었고, 또 다른 아이는 꽃다발을 주었다. 누가 시켜서가 아니라 선생님들께 감사하는 아이들의 진심이 묻어나는 스승의 날 행사였다.

하늘꿈학교는 선생님들의 헌신이 없으면 가능하지 않은 곳이다. 특히 교장 선생님의 희생이 없었다면 지금의 하늘꿈학교는 존재하지 못했을 것이다. 나는 고마움을 표시하는 학생들을 바라보며 연신 눈물을 훔치느라 토끼눈이 된 교장 선생님을 바라보았다. 그동안 하늘꿈학교를 오가며 느낀 교장 선생님에 대한 생각이 스쳐 갔다.

얼마 전에 교장 선생님과 점심을 먹은 뒤 이런저런 이야기를 나누고 있었다. 누군가 노크를 하고 들어왔는데 '선혜'란 아이였다. 얼굴에 먹구름이 잔뜩 긴 것으로 보아 뭔가 상담할 일이 있는 듯싶어 나는 슬며시 자리를 피해 주었다. 글쓰기 수업을 마치고 교장실에 인사하러 들어갔다가 너무 놀라운 이야기에 입을 다물 수 없었다.

"브로커를 통해 선혜하고 할머니가 남한에 내려오는 데 든 비용이 1,200만 원이었대요. 그동안 선혜 어머니께서 700만 원은 모으셨나 봐요. 근데 500만 원이 부족하니까…… 어휴, 브로커가 선혜 어머니한테 선혜가 자신과 사는 것으로 빚 탕감을 하라고 했다네요."

도저히 교장 선생님의 말을 이해할 수 없었다. 나는 좀더 자세히 설명해 달라고 했다.

"그러니까 선혜 어머니께서 빚을 갚는 대신 딸인 선혜한테 브로커에게 시집가라고 했다는 거지요. 이제 열아홉 살 소녀인데 말이에요. 선혜는 죽어도 그 남자에게 시집가기 싫다고 대성통곡을 하는 거예요. 어머니가 어린 딸에게 브로커에게 시집가라는 말을 하는 게 탈북자들의 현실이지요."

"그럼, 이제 선혜는 어떻게 되는 건가요?"

교장 선생님은 양손으로 머리를 감싸며 말을 이었다.

"어떡하겠어요, 말리는 수밖에. 우선 선혜한테 집에 가서 다시 한 번 엄마를 설득해 보라고 했어요. 선혜는 자기가 아르바이트를 해서라도 갚는다고 하네요. 그리고 저도 브로커 비용을 힘 닿는 대로 준비해 본다고 했어요."

나중에 들으니 교장 선생님은 200만 원을 선혜에게 주었다고 한다. 그러면서 교장 선생님은 그동안 겪은 이야기를 털어 놓았다.

북에 두고 온 가족이 굶어 죽게 생겼다며 도움을 요청하는 아이들이 있는가 하면, 남한에 같이 내려 온 엄마의 수술 비용을 빌려 달라는 아이도 있었다고 한다. 급히 돈을 빌려 주지 않으면 죽을 것처럼 절절한 사연을 안고 올 때면 식은땀이 나기도 했다고 한다. 개중에는 돈을 빌린 후 바로 다음날로 학교를 그만 둔 학생도 있었다며 허탈하게 웃는 교장 선생님의 얼굴이 왠지 쓸쓸해 보였다. 괜히 돈을 빌려 줘서 아이들을 더 나쁜 길로 인도한 것은 아닌가 자책감이 들 때가 가장 힘들다는 말에 나는 숙연해졌다. 교장 선생님의 말이 잠시 멈춘 사이에 조심스럽게 물었다.

"어떻게 번번이 선생님 주머니를 털어 아이들 사정을 들어주세요? 다른 방법을 찾아 보셔야 하는 것 아닌가요?"

그러자 교장 선생님은 말했다.

"오죽하면 저한테 도움을 청하겠어요. 아이들의 어려운 상황을 누구보다 잘 알기에 외면할 수가 없어요. 돈이 많아서가 아니라 아이들의 미래가 담긴 일이니 모른 척할 수가 없지요. 또 한창 공부해야 할 아이들이 돈을 구하기 위해 학교를 영영 떠나 방황할까 봐 걱정도 되고요."

사실 교장 선생님은 뇌종양을 앓고 있다. 하늘꿈학교를 세우던 초창기 때 너무 신경을 쓴 탓인지 머리가 아파 검사를 해 본 후 알게 된 병이다. 처음에는 죽음까지 생각했지만 지금은 모든 것을 주님께 맡기고, 탈북 아이들을 품고 가는 일에 매진하느라 아픈 줄도 모른다고 한다. 여기까지 하늘꿈학교를 이끌어 온 것은 주님의 역사하심이 아니고는 불가능해 보였다. 교장 선생님은 하늘꿈학교의 오늘과 어제를 돌아보며 하나님이 탈북 아이들을 끔찍이도 사랑하시는 것 같다고 했다. 나는 앉으나 서나 학교 걱정만 하는 교장 선생님이 남달라 보였다.

몸을 살피라는 주위의 청도 뿌리친 채 탈북 아이들만 생각하는 교장 선생님은 그야말로 작은 거인이었다. 나와 이야기를 주고받는 동안에도 교장 선생님은 어지러운 듯 피로를 호소할 때가 많았다.

그럼에도 늘 아이들의 먹을 것과 입을 것 등 어떻게 하면 더 좋은 환경을 만들어 줄까 고심하며 헌신적으로 일하는 하늘꿈학교 선생님들에게 월급을 많이 주지 못해 미안해 했다. 교장 선생님을 곁에서 보니 무엇 하나 쉬운 일은 없어 보였다.

"건강도 그렇고 힘든 일이 많으신 것 같은데 그 모든 걸 어떻게 감당하세요?"

나는 진심으로 걱정되었다.

"가끔 도망치고 싶을 때가 있어요. 그러나 제가 시작한 것도 아니니 학교를 이끌어 가는 것 또한 제 힘으로 한다는 생각은 없어요. 하나님이 지금까지 모든 것을 이끌어 주셨으니까요. 그 믿음만 붙잡고 무작정 달려가고 있어요. 그리고 아이들이 변해 가는 모습을 보면 다시 힘이 솟구쳐요."

그러면서 교장 선생님은 벽에 붙여 놓은 편지 한 장을 내게 건넸다.

존경하는 교장 선생님!

저는 이번에 '하늘꿈학교 영어통익캠프'에 참가하여 처음으로 선생님이 종양을 앓고 계시다는 걸 알게 되었습니다. 제 어머니께서 텔레비전을 통해 녹차로 종양과 암을 치료할 수 있다는 걸 보시고 보성에 있는 녹차원에 녹차를 주문하셨어요. 이 녹차는 매일 열 컵씩 지긋이 복용하면 효과를 볼 수 있지 않을까 싶어요. 그리고 무엇보다 중요한 건 꼭 나을 거라는 믿음을 품는 것이겠지요.
제가 어렸을 때 들은 이야기가 있어요. 한 위암 환자가 있었는데, 의사들은 그가 두 달밖에 살지 못한다고 했대요. 근데 이 사람은 병이 있다고 해서 우울해하거나 고통 속에서 살지 않고 밝은 마음으로 열심히 살아갔대요. 그래서 두 달이 아니라 발병한 이후 10년을 더 살았다고 해요. 실제 있었던 이야기랍니다.
선생님! 병이 나을 거라는 믿음을 잃지 마세요! 꼭 나을 거예요.
교장 선생님의 건강을 진심으로 기원합니다.

20**년 *월 *일
혜인 올림.

교장 선생님이 아프다는 걸 알고 몸에 좋다는 녹차를 선물하며 편지를 쓴 혜인. 교장 선생님은 그 편지를 보며 힘을 얻었다고 조용히 웃으셨다. 탈북 아이들의 어머니이자 학교의 선장이 되어 주는 임향자 교장 선생님. 이분은 한 남자의 아내요, 두 아들의 어머니이기도 하다.

언젠가 매년 여름에 열리는 하늘꿈학교 여름 캠프에서 교장 선생님의 남편 되는 분을 만난 적이 있다. 그분은 하늘꿈학교에 큰 행사가 있을 때면 운영하는 병원 문을 닫고 탈북 아이들의 진료를 위해 오곤 한다. 여름 캠프 일주일간 산에 같이 머물면서 나는 그분과 많은 이야기를 나누었다. 아내가 아픈 몸을 이끌고 월급을 받기는커녕, 오히려 자기 돈을 들여 탈북 아이들의 보호막이 되어 주는 것이 안쓰러우면서도 묵묵히 지켜봐 줄 수밖에 없다고 했다.

교장 선생님 가족의 헌신은 이뿐이 아니다. 작은아들인 정웅섭 선생님의 열성 또한 교장 선생님 못지않다. 그는 졸업생들의 취업을 위해 시작한 케이터링 사업의 모든 것을 맡아 일하고 있다. 정 선생님은 유학을 준비하던 중 어머니가 몸이 아프면서도 헌신하는 모습을 보며 학교 일을 돕기 시작했다고 한다. 어쩌면 어머니를 돕지 않으면 안 될 만큼 위기감을 느꼈는지도 모른다. 나도 교장 선생님을 만날 때마다 건강이 염려되는데 가족은 오죽할까 싶었다. 대가를 바라지 않고 탈북 아이들을 위해 일하는 교장 선생님의 가족 모두가 특별한 사명을 받았다는 생각이 들었다. 가족이 서로 버팀목이 되어 오늘까지 오지 않았나 싶다.

한편 하늘꿈학교는 재정 면에서도 상당히 어려운 듯싶었다. 나는 탈북 청소년 대안학교가 어떻게 자금을 조달해 운영되고 있는지 궁금했다. 정부 지원금도 있긴 하지만 재정 대부분이 십시일반으로 도와주는 후원금에 의지하고 있음을 알게 되었다. 때로 급할 때면 교장 선생님이 자금 해결사로 나서야 한다니, 그동안 얼마나 힘들었을지 짐작이 되었다.

"저는 후원금을 모으는 일에 열심일 수 없었어요. 유명인을 내세우거나 이벤트를 벌이는 등 언론에 호소하는 것도 못했어요. 오히려 언론을 피한 편이지요. 북에 두고 온 아이들 가족이 피해를 입을까 봐 아이들을 보호하는 뜻에서요. 그리고 사람들에게 우리 아이들이 불쌍하다고 해야 하는지, 우리랑 너무 다르다고 해야 하는지 그 방법을 딱히 모르겠더라고요. 하나님께서는 아이들이 하나님의 군사라 하셨으니 아이들에 대해 함부로 이야기할 수 없었어요. 무조건 소망을 갖고 인내하며 하늘을 바라볼 수밖에 없었지요."

나는 교장 선생님의 고충이 이해가 되었다. 탈북 아이들은 무조건 불쌍한 아이들이니 도와 달라며 수시로 손을 내미는 사람들도 있다. 교장 선생님은 그러고 싶지도 않을뿐더러 절대 그렇게 해서도 안 된다는 것을 누구보다 잘 알고 있었던 것이다.

"하지만 신기하게도 지금까지 한 번도 선생님들에게 월급을 주지 못한 적은 없어요. 그리고 아이들에게 따뜻한 집과 음식을 계속 제공할 수 있었고요. 이 모든 것을 제가 아닌 하나님이 하시는 일이라는 확신 때문에 여기까지 올 수 있었어요. 오직 주님이 하신 일이고 그분의 힘이었지요."

하늘꿈학교의 재정 상황까지 알게 된 후 나는 얼마나 힘들게 학교가 운영되는지 짐작할 수 있었다. 힘든 상황에서도 학교를 잘 이끌어 왔음에도 교장 선생님은 절대 자신을 내세우지 않았다. 오히려 자신이 한 선한 일을 누군가가 칭찬하는 것조차 꺼렸다. 나는 그런 교장 선생님을 보며 진정 하나님의 사람임을 확신했다.

교장 선생님은 뒤늦게 신학 공부를 마치고 선교사 파송 관련 일을 하다가 탈북자를 돕는 사역을 하게 되었다. 자신도 어떻게 이런 사역을 감당해 왔는지 그저 신기할 뿐이라고 했다.

"저도 탈북 아이들을 위한 학교를 운영하리라고는 생각도 못했어요. 탈북자들을 일반 가정에 연결하는 일을 하다가 우연한 기회에 학교를 세우게 되었어요. 지금까지의 모든 일이 기적이에요. 저는 모든 일에 하나님의 마음으로 임했을 뿐이에요. 다시 한 번 말하지만 하늘꿈학교는 제가 이끌고 있는 게 아니에요."

나는 교장 선생님과 이야기를 나누며 생각에 잠겼다.

'국내 최초 탈북 청소년 대안학교인 하늘꿈학교. 이곳은 연약해 보이지만 내면이 강한 임향자 교장 선생님이 선장이기에 그 어떤 파도와 폭풍이 몰아쳐도 끄떡없이 항해하고 있는 거구나!'

생각에 잠겨 있는 사이 교장 선생님은 내게 큰 화판을 보여 주었다. 거기에는 아이들이 교장 선생님을 비롯해 여러 선생님들께 쓴 편지들이 빼곡히 붙어 있었다. 알록달록한 편지지만큼이나 다양한 이야기가 담긴 편지들이었다. 그중 분홍 편지지에 쓰인 문구가 눈에 확 들어왔다.

하늘꿈학교는 교장 선생님의 눈물로 세워진 학교입니다.

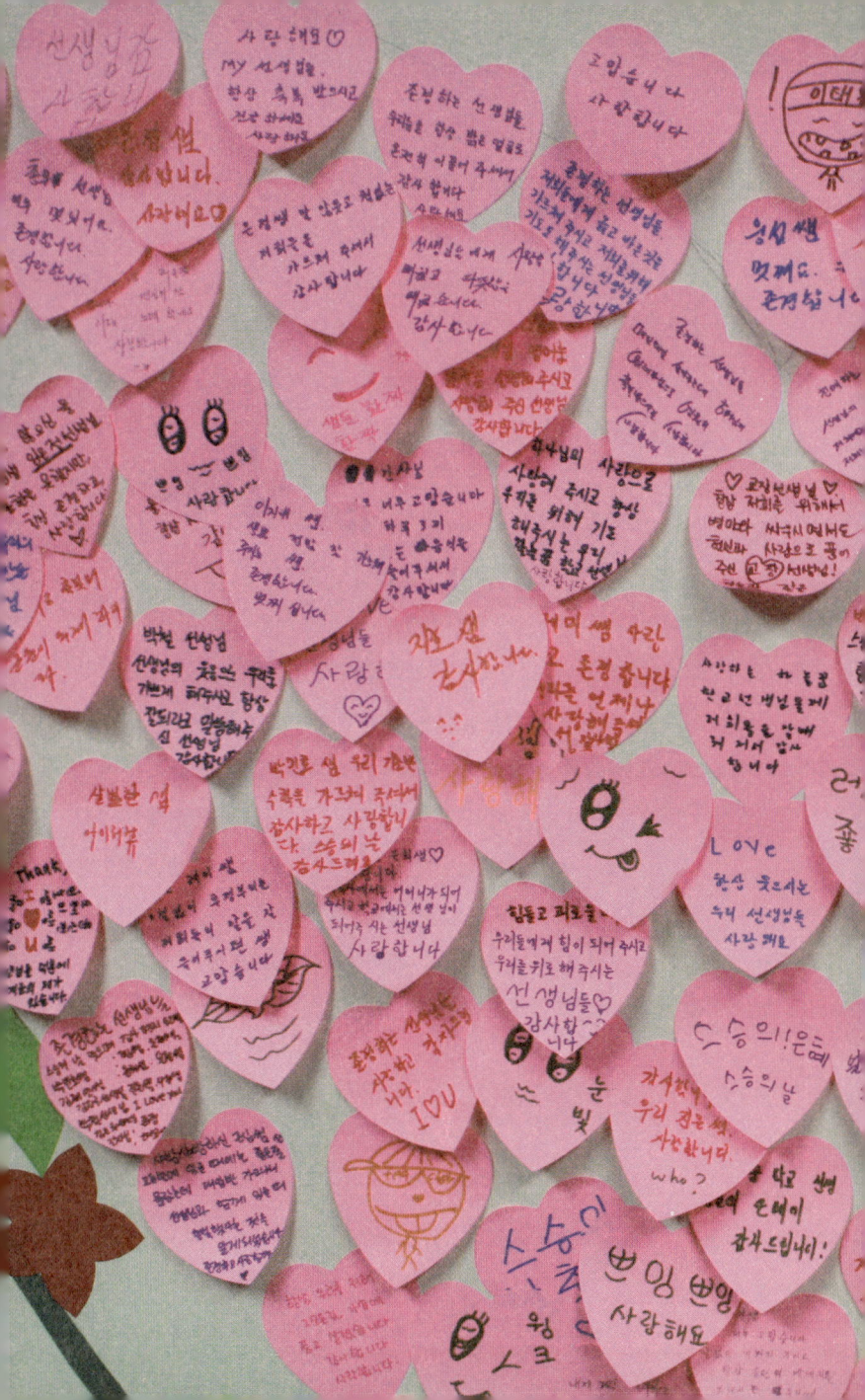

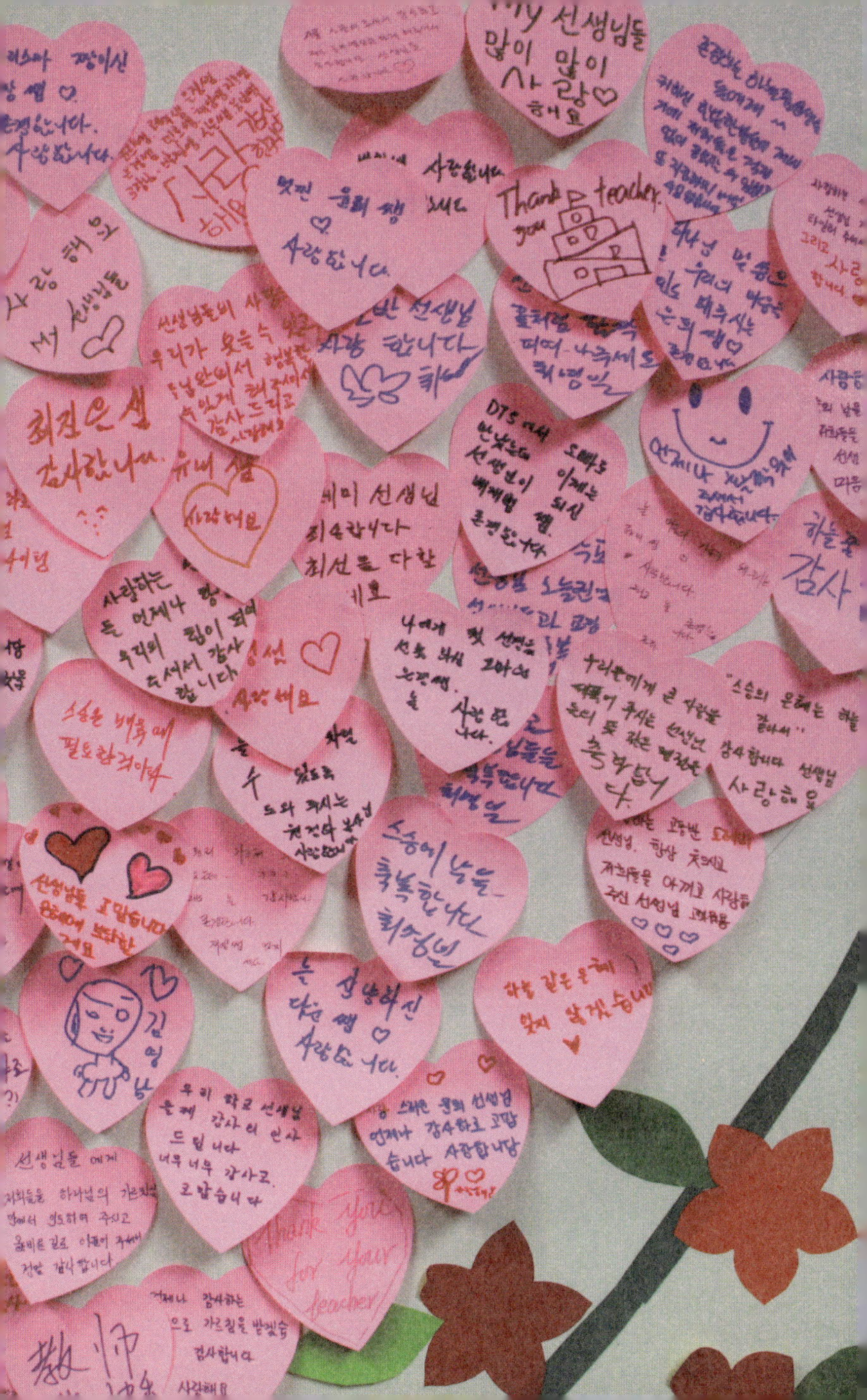

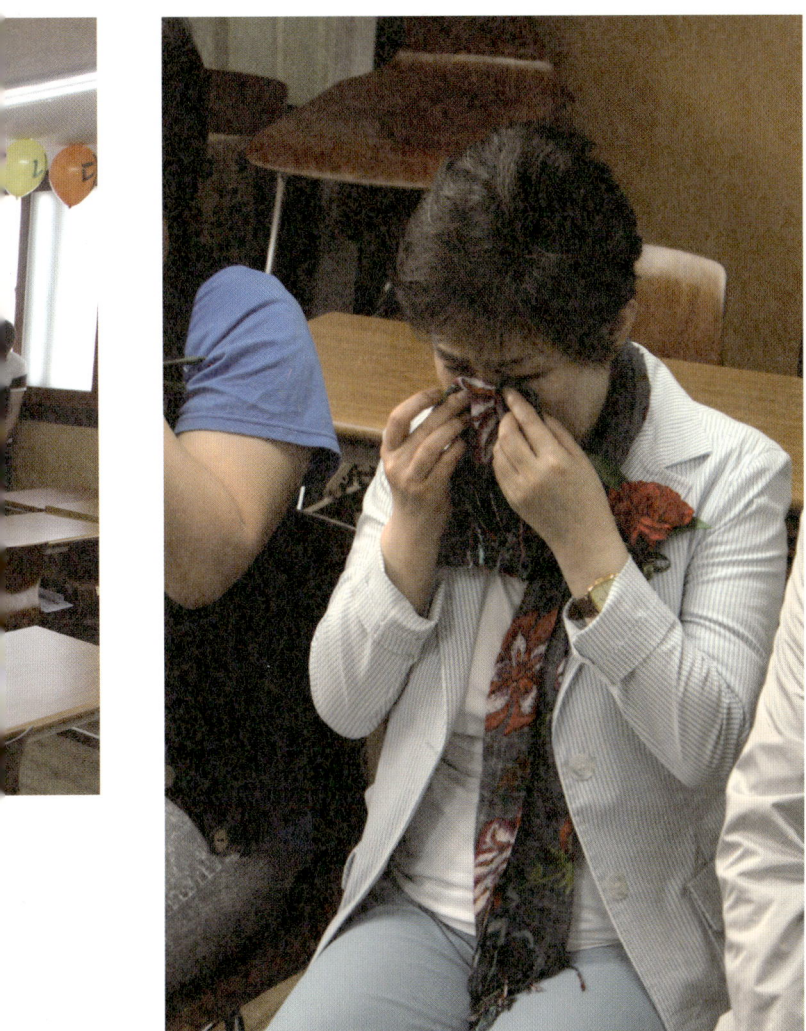

처녀엄마·총각아빠 선생님

 나는 지금까지 선생님이 아이들을 붙잡고 기도하는 모습은 많이 보아 왔다. 하지만 거꾸로 아이들이 선생님의 손을 잡고 훌쩍이며 기도하는 모습은 하늘꿈학교에서 처음 보았다.
 스승의 날 이후 나는 선생님들의 행동이나 말을 눈여겨보는 습관이 생겼다. 어떤 힘이 아이들로 하여금 선생님을 저토록 신뢰하고 따르며 사랑하게 하는 걸까? 때로는 너무 버릇이 없다 싶을 만큼 교무실에 와 응석을 부리는 아이들에게 도대체 하늘꿈학교 선생님들은 어떤 존재일까?
 나는 선생님들과 급식도 같이 먹고 행사장에 따라가 함께 일하기도 했다. 여름에 가는 선생님들의 엠티에도 참석해 같은 방에 머물며 밤새 이야기꽃을 피우느라 잠을 설치기도 했다.
 하늘꿈학교 선생님들은 보면 볼수록 특별한 삶을 사는 사람들이라는 생각이 들었다. '선교사의 사명'을 안고 하늘꿈학교란 땅을 찾아 달려온 전사들이랄까. 그래서 나는 틈나는 대로 선생님들께 자기 고백이 담긴 글을 부탁했다. 나만 알고 있기에는 깊고 넓은 선생님들의 삶을, 글을 통해서라도 공유할 수 있기를 바라는 마음이었다.

> 열다섯 살 때 하나님을 인격적으로 만난 저는 자연스럽게 '북한'이란 곳을 마음에 품었습니다. 대학 시절 막연히 북한의 아픈 영혼을 위해 일하겠다는 결심을 하던 중에 하늘꿈학교를 방문하게 되었습니다. 빨간 넝쿨장미가 피어 있던 계절이었어요. 교실에서 새어 나오는 아이들의 웃음소리와 찬양소리를 듣는데 알 수 없는 감동으로 한참을 서서 들었습니다. 제 영혼이 압도되는 느낌이었습니다. 그 순간 강하게 임하시던 성령님의 부르심을 지금도 기억합니다. 그러면서도 '순종하겠습니다!'란 결단을 하기까지 두 달을 씨름했지요.
> 어느 날, 제가 가르치던 학생이 한 인터뷰를 우연히 보게 되었습니다.
> "하늘꿈학교는 제 인생의 전환점이며, 제게 꿈을 준 곳이고, 지금까지 느껴 보지 못한 사랑을 준 곳입니다."
> '전환점, 꿈, 사랑……'

저는 아이가 말한 단어들에 놀라지 않을 수 없었습니다. 그야말로 충격이었지요. 제 경험상 그 세 단어는 탈북 아이들이 쉽게 사용하지 못하는 단어였거든요. 순간 눈물이 왈칵 쏟아졌습니다. 우리 교사들의 작은 사랑이 학생들에게 주는 의미가 얼마나 큰 것인지, 아이들의 마음을 회복하는 데 우리의 작은 힘이 얼마나 큰 도움이 되었는지 다시금 생각하게 되었지요. 태어나서 '사랑한다'는 말을 한 번도 들어본 적이 없다던 금향이, 생일 케이크 앞에서 난생 처음으로 축하를 받아 봤다며 말을 잇지 못하던 철이. 아이들 얼굴이 하나하나 떠오릅니다.

믿음의 선생님들이 하나님의 사랑을 학생들에게 고스란히 전해 주는 곳. 우리의 여린 입술을 통해 하나님의 진리가 학생들에게 전해지고 생명이 전달되는 곳. 바로 하늘꿈학교입니다. 저는 하늘꿈학교 교사라는 게 늘 자랑스럽습니다.

강윤희 국사 선생님

저는 아이들을 보면서 매일 하나님을 만납니다. 어떻게 저 가깝고도 먼 땅인 북한과 중국에서 상상하기 힘든 삶을 살다가 제 앞에 와 있는지…… 생각하면 할수록 신기합니다. 이 아이들을 먹이고 입히고 공부를 시키면서 당신을 알게 하시는 하나님. 주님의 신비에 매일 놀라고 감사합니다.

얼마 전 검정고시를 통과한 후 기쁨을 감추지 못하던 아이의 목소리가 지금도 생생합니다.

"선생님, 저 정말 자랑스럽고 기특하죠? 기도해 주셔서 감사해요. 사랑하고요!"

'감사하다'는 단어, '사랑한다'는 단어를 낯설어하던 아이들. 이런 아이들의 입에서 그런 단어가 순순히 나올 때마다 저를, 하늘꿈학교를 존재하게 하신 하나님을 만나게 됩니다. 그런 말을 하는 아이들 눈빛에서 하나님의 사랑도 확인합니다.

때로는 살아온 방식이 달라 아이들이 저를 당황하게도 하지만, 제 생일날 손수 밥상을 차려 놓고 진심으로 축하해 주는 아이들. 기숙사에서 엄마가 되어 사는 저를 위해 생일 밥상을 차려 준 그 아이들의 마음이 정말 사랑스럽습니다.

아이들은 제게 사랑을 가르쳐 주었습니다. 그런 아이들의 눈만 바라봐도 저는 눈물이 납니다. 스승의 날 편지를 쓰고, 노래를 준비하고, 풍선을 달아 이벤트를 열어 주던 아이들. 선생님들이 기뻐할 것을 기대하며 하나하나 준비했을 우리 아이들을 생각하면 지금도 눈물이 앞을 가립니다. 잘 자랐구나 싶지요. 시키지 않아도 사랑과 감사를 표현할 줄 아는 학생으로 자라나고 있다고 생각될 때의 그 뿌듯함이란······.

예전에는 저 자신을 위한 이런저런 계획을 많이 세웠는데 지금은 모든 걸 내려놓았습니다. 하늘꿈학교에 머무는 동안 제 힘으로 할 수 있는 것이 하나도 없음을 배웠습니다. 그저 이 자리에서 주님께 계속 쓰임 받게 해달라고 기도할 뿐입니다. 우리 아이들을 만나게 하신 분도, 그 아이들을 양육하게 하신 분도 하나님이심을 잘 알기 때문이지요.

도레미 국어 선생님

이 세상은 제게 경쟁을 하고 자기 능력을 드러내라고 가르쳐 주었습니다. 그렇게 배운 습관은 제 안에 자연스럽게 묻어 있습니다. 저는 세상 속에서 늘 잘잘못을 따졌고 말이 앞서 나갔습니다. 그러나 이곳 하늘꿈학교의 모습은 그렇지 않습니다. 선생님들 모두 특별한 경우를 빼고는 웬만한 일은 혼자 하지 않습니다. 혼자 할 수 있지만, 먼저 스스로를 낮추고 그리스도 안에서 협력으로 하나가 되어 좋은 결과를 이끌어내고 그것을 함께 누립니다. 우리가 하는 모든 일이 '내' 힘이 아니라 하늘로부터 오는 것임을 하늘꿈학교 선생님들은 누구보다 잘 알고 있습니다. 저는 그 마음을 닮기 위해 오늘도 겸손을 달라고 하나님께 기도하면서 아이들을 대합니다.

김재영 그룹홈 선생님

매순간 아이들과 부대끼며 살아갑니다. 때로는 지금 내가 '작은 북한'에 사는 것은 아닐까 착각합니다. 하늘꿈학교 아이들과 함께하는 삶 속에서 북한을 배우며 느낍니다. 아이들이 하나님을 만나고 상처를 딛고 새로운 인생을 사는 것을 보면서, 앞으로 올 통일을 준비합니다. 북에 두고 온 가족과 진로 등으로 근심에 찬 아이들. 이 탈북 아이들이 소망을 품고 기쁨으로 환한 미소를 짓는 것을 볼 때면 무척 행복합니다. 공부를 제대로 해보지 못한 탓에 공부 방법을 몰라 눈물만 짓던 학생들이 어느 순간 공부 방법을 알고 앎의 기쁨을 누릴 때 저도 함께 기쁩니다. 북한에 있는 가족의 암울한 소식에 절망에 빠진 아이를 볼 때면 저도 벼랑으로 떨어지는 기분이 듭니다. 그러나 함께 기도할 때 우리는 알 수 없는 힘을 느낍니다. 매순간 그 힘이 주는 기쁨을 알기에 쉬지 않고 나아갈 것입니다.

한 마리 잃어버린 양을 찾기 위해 목자는 아흔아홉 마리의 양을 버려두고 찾아다닙니다. 아흔아홉 마리 양보다 잃어버린 한 마리가 더 귀하다는 말씀. 이 설교를 들을 때마다 저는 울 수밖에 없습니다. 잃은 양 한 마리를 위해 길을 헤매고 다니는 목자의 마음을 알기 때문입니다.

임은정 과학 선생님

나는 선생님들의 글을 깊은 곳에 감춘 보석처럼 소중히 간직해 두었다가 꺼내어 읽곤 한다. 선생님들이 쓴 글과 삶은 놀랄 정도로 일치한다. 아니, 글보다 삶이 더 진솔하다. 아쉬운 것은 하늘꿈학교 모든 선생님들의 글을 싣지 못했다는 점이다. 하지만 분명한 건, 모든 하늘꿈학교 선생님들은 탈북 아이들의 헌신된 엄마이자 아빠라는 사실이다.

02

하늘꿈 품고

이 땅에 서다

모여라! 영어통일캠프

 하늘꿈학교의 여름은 그 어느 때보다 바쁘다. 여름방학 동안 다양한 프로그램이 진행되기 때문이다. 대표적인 프로그램으로 '영어통일캠프(English Unification Camp, 약자로 EUC)'가 있다. 이 프로그램은 원어민 30여 명과 남북 청소년 300여 명이 모이는 일종의 '영어 신앙캠프'다. 2003년부터 통일의 때를 준비하기 위해 탈북 청소년들과 남한 청소년들이 한자리에 만날 수 있도록 마련된 프로그램이다. 원어민 교사들은 자비를 들여 우리나라까지 온다.

 남과 북의 청소년들이 한데 모이는 자리. 하늘꿈학교 아이들은 모든 재정을 학교에서 부담하니 당연히 참석하겠지만, 꽤 많은 회비를 내고 이 행사에 참석하는 남한 학생들은 어떤 아이들일까? 궁금한 마음을 안고 나는 영어통일캠프에 참여했다.

 매미가 목청껏 울어 대는 한여름 날, 하늘꿈학교 아이들과 남한 학생들이 전세 버스에 몸을 실었다. 버스 안은 묘한 긴장감이 감돌았다. 남한 학생들도 각자 온 아이들이 많았고 하늘꿈학교 아이들도 세 대의 버스에 흩어져 타서 서로가 낯설기 때문이었다. 한 시간 정도 달리자 푸른 들녘이 보이기 시작했고 드디어 목적지인 유명산 자락의 청소년수련원에 도착했다.

일주일간 숲 속에서 진행되는 영어통일캠프는 프로그램이 무척 다양했다. 원어민 교사들과 남북한 청소년들은 영어로 게임도 하고 성경공부도 했다. 한데 어울려 땀 흘리며 축구를 하는 시간도 있었다. 팀을 나눠 역할극도 하고 장기자랑도 열었다. 그러는 사이 자연스럽게 남과 북의 아이들은 하나가 되어 갔다.

한편 밤에는 부흥회와 흡사한 영성훈련이 시작됐다. 그동안 하늘꿈학교를 다니면서도 하나님을 믿지 못하고 겉돌던 아이들이 영성훈련을 통해 성령을 체험하고 방언의 은사도 받았다. 그 믿음의 열기 때문에 아이들은 밤이 깊어 가는 줄도 몰랐다.

나는 모든 프로그램에 참여하여 남북 청소년들의 표정과 행동을 유심히 살펴보았다. 그리고 기회가 닿는 대로 그들의 생생한 증언에 귀를 기울였다. 하늘꿈학교에 다니는 상희는 남북 청소년들이 한자리에 모인 것 자체가 신기하다며 이렇게 말했다.

"저는 하나원에서 나와 곧바로 하늘꿈학교에 왔기 때문에 일반 학교에 대한 동경이랄까, 아쉬움이 있어요. 그런데 여기서 일반 학교에 다니는 남한 학생들을 만나니 설레고 좋아요."

상희는 할머니와 부모님과 북한에서 살았다고 한다. 그러나 부모님이 돈을 벌기 위해 중국으로 떠난 뒤 상희는 할머니와 단 둘이 살게 되었다. 연로하고 병드신 할머니를 대신해 상희는 밥 짓는 것은 물론 밭일까지도 했다. 그래서 북에 살 때 상희는 거의 학교에 가지 못했다. 그러다 우연히 동네 언니들을 따라 두만강을 건너게 되었고, 중국에 머물다가 한국까지 오게 되었다고 한다. 뜻하지 않게 탈북하게 된 것은 물론 남한에 와 캠프에 참석하게 된 것이 꿈만 같다는 상희. 연신 놀랍다는 말을 하는 상희를 보자 내 가슴도 뜨거워졌다.

상희는 영어통일캠프 내내 상기된 표정으로 열심히 프로그램에 참여했다. 비단 상희만 그런 것은 아니었다. 하늘꿈학교 아이들 대부분이 처음에는 낯설어했지만 시간이 지나면서 남한 아이들과 잘 어울리며 즐거워했다.

영어통일캠프 마지막 날이 되었다. 모두들 운동장 한가운데 쌓아 놓은 장작더미 주위에 모여 손에 손을 잡고 섰다. 타닥타닥 장작 타는 소리와 함께 불꽃이 검은 하늘을 환하게 비췄다. 캠프파이어 불빛 속에서 남북 청소년들을 비롯해 미국에서 온 원어민 교사들과 행사 진행자들이 한데 어우러져 노래를 부르고 춤을 추었다. 시간이 지나도 열기는 식을 줄을 몰랐다. 온통 축제 분위기 속에서 남북 청소년들은 하나가 되어 어깨동무를 하며 분위기에 젖어들었다. 그러다 흥에 겨운 남한 아이들 몇몇이 나와 멋진 춤을 추고 노래를 불렀다. 탈북 아이들은 남한 아이들의 자유분방한 모습에 넋을 놓고 바라보고 있었다. 그때 갑자기 상희가 불길이 활활 타오르는 캠프파이어 앞으로 나오는 게 아닌가! 그러고는 마이크를 잡고 노래를 부르기 시작했다.

동포 여러분, 형제 여러분, 이렇게 만나니 반갑습니다. 얼싸 안고 좋아 웃음이요, 절싸 안고 좋아 눈물일세. 오호 닐리리야! 반갑습니다.

상희는 눈을 지그시 감고 북한 가수처럼 구성진 목소리로 〈반갑습니다〉를 노래했다. 참으로 갑작스러운 출현이었다. 캠프파이어에 참석했던 사람들은 모두 놀란 눈으로 상희를 바라보더니, 어느새 〈반갑습니다〉를 함께 부르기 시작했다. 남북 청소년을 비롯해 선생님들도 모두 노래를 부르며 하나가 되어 갔다.

"⋯⋯ 반갑습니다. 반갑습니다⋯⋯."

숲 반대편에서 메아리가 되어 들려오는 노랫소리에 나도 모르게 콧잔등이 찡했다. 드디어 상희가 노래를 마치고 수줍은 표정으로 고개 숙여 인사했다. 우레와 같은 박수가 울려 퍼졌다. 그때였다! 한 남학생이 꽃송이 같은 알록달록한 풍선 꾸러미를 상희에게 바쳤다. 모두들 누군지 의아해하며 그 광경을 바라보았다. 나중에 알고 보니 상희와 일주일간 같은 팀이었던 남한 청소년이라고 했다. 그 남학생은 일주일간 상희와 함께 게임도 하고 영어공부를 하면서도 말을 건네지 못했는데, 상희가 노래하는 모습을 보고는 감동을 받아 풍선을 준 것이었다.

이후 그 남학생은 내게 이렇게 말했다.

"북한에서 온 사람들을 처음 만났어요. 여기 오기 전까지는 탈북자들에 대해 별로 생각해 본 적도 없어요. 그냥 탈북자라고 하면 가난하거나 북한에서 굶어죽을까 봐 온 사람들 정도로만 생각했지요. 엄마가 영어공부에 도움이 된다고 해서 마지못해 캠프에 참여했어요. 그런데 여기서 탈북 아이들을 보면서 많은 걸 느꼈어요. 뭐랄까…… 우리와 똑같은 모습인 데다가 똑같은 생각을 하고 있다는 것이 신기해요."

그러고는 탈북 아이들이 북에서 얼마나 힘들게 살았는지 간증을 듣고는 놀랐다고 했다.

"상희가 노래하는 모습을 보면서 울컥했어요. 가슴이 찡했지요."

왜 풍선을 건넸느냐는 내 질문에 남학생은 한껏 고무된 표정으로 말했다. 그 순간 나는 '아, 이거구나!' 싶었다. 이거야말로 남과 북의 청소년이 이루어 낸 작은 통일의 순간이었다.

중국 장마당에 팔 염소새끼라요!

하늘꿈학교 영어통일캠프에 함께하며 쉬는 시간마다 아이들과 이야기를 나누었다. 때로는 함께 숲길을 걸으며 이야기했고, 때로는 매점에서 아이스크림을 사 먹으며 수다를 떨기도 했다. 아이들은 자연이 주는 아늑함 때문인지 학교에서보다 훨씬 편안하게 자신의 마음을 드러냈다. 특히 캠프에서 하나님을 새롭게 만난 아이일수록 적극적으로 내게 다가왔다.

순화 역시 캠프에 와서 자신의 비전을 재발견했다. 깡마른 순화는 강단 있어 보였지만 분위기는 어두웠다. 그런 순화가 캠프 셋째 날 밤 고백을 했다.

"사실은 캠프에 오기 싫었어요. 하나님을 믿으라고 강요하는 것 같아 학교를 그만둘까도 고민했어요. 그런데 여기 와서 며칠 머무는 동안 이상하게 편안해졌어요. 제 변화가 저도 믿기지 않아요,

아직은."

 순화는 두 살 많은 오빠와 함께 하늘꿈학교에 다니고 있다. 오빠는 순한 성격이지만 순화는 당차며 야무지다. 남에게 지는 걸 싫어할 뿐만 아니라 자기가 해야 할 것은 밤을 새면서라도 다하려고 애쓰는 아이다. 이런 야무진 순화의 얼굴에 드리워진 그늘이 무엇 때문인지 나는 궁금해하며 순화의 이야기에 귀를 기울였다.

 "전 지금도 눈만 감으면 두만강을 건너던 생각이 떠올라요. 엄마는 누런 쌀자루에 저를 넣어 등에 짊어졌어요. 강을 건너려는데 수비대가 엄마 등 뒤에 짊어 진 짐이 뭐냐고 물었지요. 엄마는 '중국 장마당에 내다 팔 염소새끼라요'라며 거짓말을 했어요. 엄마 목소리가 떨리고 있었어요. 저는 너무 무서워 숨이 막힐 것 같았어요. 갑자기 기침이 나오려는 걸 억지로 참느라 힘들었어요. 다행히 엄마가 돈을 주자 수비대가 두만강을 건너게 했지요."

 나는 소설 같은 순화의 이야기에 입을 다물 수가 없었다. 순화는 더욱 진지한 목소리로 다음 말을 이어 갔다.

 "엄마는 중국 땅까지 저를 등에 짊어지고 강을 건넜지요. 그때 엄마가 아니었다면 저는 죽었을 거예요. 우린 그렇게라도 강을 건넜지만 병든 아빠는 아직 북에 계세요. 아빠가 혼자 앓다가 돌아가셨을까봐 걱정이에요. 여기 오면 아빠의 병은 금방 나을 텐데……. 지금 우리 가족의 소원은 아빠를 데려오는 거예요. 아빠와 함께 식탁에 앉아 밥을 먹을 수 있는 날이 올까요?"

엄마의 등 뒤에 팔려 갈 염소 새끼가 되어 두만강을 건너온 삶이기에 더욱 열심히 공부해서 성공하고 싶다는 순화. 병든 아버지를 홀로 북에 두고 온 아픔을 안고, 녹록지 않은 남한살이를 견뎌내고 있는 순화의 사연을 들으며 나는 숙연해졌다. 나 못지않게 순화의 말을 한눈팔지 않고 듣고 있는 여학생이 눈에 띄었다. 나는 살며시 그 여학생에게 다가갔다. 옷차림새나 말투로 보아 남한 학생이었다. 나는 그 여학생과 이야기를 나누고 싶었다. 우리는 숲 속 벤치에 앉았다.

"순화 이야기에 관심이 많은 것 같던데……."

"실은 이 캠프에 오기 싫었는데 엄마가 억지로 가라고 해서 끌려오다시피 왔어요. 우리 교회에서 의무적으로 몇 명을 보내야 했나 봐요. 엄마가 여전도회 회장이라 제가 희생양이 된 것 같아 기분이 별로였지요. 처음엔 모든 게 짜증나 그냥 겉돌았어요. 그런데 탈북 아이들과 밥도 먹고 운동도 하면서 생각이 많이 바뀌었어요. 이 아이들도 우리와 똑같다는 생각이 들자 친구처럼 느껴지더라고요. 그런데 확실히 다른 건, 이 친구들이 참 착해요. 특히 오늘 순화 얘기를 들으면서 뭉클했어요. 우리 엄마라도 저를 그렇게 북에서 데리고 나왔을 것 같다는 생각이 들더라고요. 그런데 돌아보니 저는 늘 엄마를 힘들게만 했던 것 같아요."

　이 여학생은 순화의 고백에 깊은 감동을 받은 것 같았다. 북에 계신 순화의 병든 아빠를 위해 간절히 기도할 거라고 했다. 나는 그 여학생을 보며 통일이 멀지 않음을 확신했다. 이 여학생은 집으로 돌아가 탈북 아이들의 아픔과 눈물 그리고 기도 제목을 나눌 것이다. 자연스럽게 통일의 필요성에 대해서도 말할 것이다. 순화가 병든 아빠를 만날 수 있는 길은 통일이 최선이기에.

하나님을 만난 건
제 일생 최대의 선물입다

영어통일캠프에서 만난 남북 청소년들을 축복이라도 하듯, 떡갈나무 위에서 매미들은 쉬지 않고 울었다. 도랑의 냇물 흐르는 소리와 바람결에 묻어오는 풀잎 냄새가 마음을 싱그럽게 물들였다. 자원봉사자들이 만들어 주는 밥은 또 얼마나 맛있는지! 특히 돈가스는 아이들에게 인기 만점이었다. 나는 점심을 먹은 뒤 등나무 밑에 앉아 아이들이 노는 모습을 지켜보았다. 남북 청소년들이 하나가 되어 족구도 하고 축구도 하는 모습이 더없이 평화로워 보였다.

그때 내 곁에 와 살며시 앉는 아이가 있었다. 평소에도 나를 잘 따르던 희경이었다. 내게 식당에서 얻어 왔다며 누룽지를 건넸다. 희경이의 따뜻한 마음만큼이나 누룽지는 고소하고 맛있었다. 나는 남한에 온 지 얼마 되지 않은 희경이에게 이번 캠프에 참여한 소감이 어떤지 물었다.

"처음으로 이런 캠프 참석한 기분이 어때?"

"남한 학생들을 처음 보는데 정말 좋슴다. 모두 멋진 것 같슴다. 근데 쏼라 쏼라 영어는 영 아님다. 도통 모르겠슴다. 그래도 즐겁슴다."

희경의 투박한 말투에서 북에서 갓 온 아이라는 느낌이 짙게 풍겼다. 하나원에서 나온 지 한 달밖에 안 되었으니 북에서 이탈할 때의 기분이 생생할 터였다. 나는 조심스러웠지만 생생한 현장감이 묻어나는 이야기를 들을 수 있겠다는 생각에 탈북 당시의 상황을 물었다. 그 당시를 떠올리는 것만으로도 전율이 느껴지는지 희경은 자신의 어깨를 팔로 감싸 안으며 말했다.

"두만강을 건넌 사람들끼리 태국 대사관을 향해 걷는데 정말 힘들었슴다. 주로 밤에 산을 타고 넘다 배고프면 풀이며 나무뿌리를 캐먹으며 며칠을 달렸슴다. 금방이라도 수비대원에게 잡힐까 두려웠슴다. 그때를 생각하면 지금도 등골이 오싹해지고 내가 남한에 와 있다는 사실이 믿어지지 않슴다."

"그랬구나. 지금은 어떤 게 힘드니?"

"전, 북한에서 학교를 제대로 다녀본 적이 별로 없슴다. 엄마는 아빠와 이혼한 뒤 중국으로 건너갔기 때문에 저는 할머니와 살았슴다. 할머니가 돌아가시자 엄마가 손을 써서 남한에 오게 된 거디요. 지금은 새아빠와 살고 있는데 제법 잘사는 것 같슴다. 근데 북한에서 별로 배운 게 없어 공부가 힘듬다. 북한은 선생님도 배고프니 식량 구하러 나가느라 수업을 제대로 못했거든요."

희경은 주머니를 뒤적이더니 내 앞에 불쑥 뭔가를 내밀었다. 작은 영어 단어장이었다.

"근데 전 여기가 남한이 아니라 미국인 줄 알았습다. 간판이 전부 영어로 되어 있어서요. 생전 처음 레스토랑이라는 곳엘 들어가 봤는데 뭐가 뭔지 도저히 몰라 멍하니 앉아만 있었디요. 그랬더니 무슨 종이인가를 갖다 주면서 자꾸만 뭘 마실 거냐고 하는데…… 종업원이 내미는 종이판(메뉴)을 보니 모두 영어로 쓰여 있는 겁다. 하나도 읽을 줄 아는 게 없어 그냥 나오고 말았습다. 그때부터 저는 이렇게 영어 단어장을 들고 다닙다."

한글도 완전히 익숙하지 않은 아이가 영어 간판을 보고 얼마나 당혹스러웠을까 싶어 안타까웠다. 희경은 캠프에 참석하게 된 것이 즐겁다며 입에 침이 마르도록 자랑을 했다.

"캠프에 와서 원어민 선생님들과 대화를 나눠 보니 조금 자신이 생깁네다. 말은 안 통해도 손짓발짓으로 다 통해요. 내가 실수를 해도 노란 머리 언니가 다 받아줘서 고맙고요. 사실 첨에는 뭐가 뭔지 몰라 솔직히 겁이 났습다. 미국 사람이 곁에 오면 덜덜 떨렸고요. 근데 원어민 선생님들이 친절해서 사르르 녹았습다. 아직도 말은 알아먹을 수 없지만 선생님들이 우릴 사랑하는 건 아니까요. 그리고 하나님이 누군지 잘은 모르지만 제 편인 것 같다는 생각은 듭니다. 절 여기로 데려다 주신 분이 하나님이라는 말이 조금 믿어집네다."

 희경의 말대로 원어민 선생님들은 하나님을 사랑하는 뜨거운 마음으로 바다 건너 이곳 캠프에까지 온 것이다. 대부분 북한 선교에 관심이 많은 크리스천들이었다. 그래서인지 유난히 탈북 아이들을 사랑으로 감싸 주었다.

 나는 잘 적응해 나가는 희경이가 대견스러워 머리를 쓰다듬어 주다가 희경의 부은 눈에 관심이 쏠렸다.

 "희경이 쌍꺼풀수술 한 것 같네. 여기 와서 했어?"

 "북한에서 했는데 촌스럽다고 엄마가 다시 수술시켜 준 것임네다."

 "북한에서도 쌍꺼풀수술 하는 사람들이 많니?"

 "네. 북한에서도 쌍꺼풀수술을 하는 여자들이 많습다. 배는 고파도 예뻐지고 싶은 마음은 어디나 같습다. 히힛."

 나도 아이와 함께 웃었다. 남한에 온 지 얼마 되지 않았는데 어떻게 쌍꺼풀수술까지 했냐고 묻고 싶었지만 더는 묻지 않았다. 그런데 희경이 자랑처럼 쌍꺼풀수술을 하게 된 경위에 대해 말했다.

 "사실은요. 제 생각이 아니고…… 엄마가 억지로 해준 검다. 엄마는 저를 북한에 홀로 두고 나온 것을 늘 미안해하십다. 지금 재혼한 아빠가 헬스장을 운영하는데…… 경제적으로도 그렇고 안정된 생활을 하고 있습다. 엄마는 북에서 수술한 티가 나는 내 눈이 영 맘에 안 들었던 것 같습다."

희경 어머니는 홀로 힘들었을 희경에게 빚 갚는 마음으로 쌍꺼풀 수술부터 해준 것 같았다. 힘들었을 희경의 마음을 어떻게든 보상해 주고 싶어 하는 엄마의 마음이 이해가 되었다.

"그렇구나! 좋겠다, 너는……."

"네. 선생님……. 지금이 제 인생 최고의 순간인 것 같습니다. 이 모든 행복이 주님이 준비해 놓으신 것임을 여기 캠프에 와서 알았는데, 그게 믿겨짐다. 전 정말 행복함네다. 그토록 보고 싶던 엄마를 만난 것만도 행복한데 공부까지 하게 되었으니까요. 거기다 이런 캠프까지 와서 놀라운 주님의 은혜에 대해 알게 되었지 뭡네까. 꿈인가 생시인가 싶습다. 인천공항에 도착했을 때처럼 모든 게 믿기지 않을 정도로 저는 지금도 꿈속을 헤매는 것 같습다."

  희경의 들뜬 목소리는 내게도 행복 바이러스를 전해 주었다. 영어통일캠프를 통해 희경이처럼 보이지 않는 하나님의 손길을 느낀 아이들이 한둘이 아니었다. 이렇게 말하던 아이들의 목소리가 오랫동안 내 귓가에 머물렀다.

"하나님을 만난 건 제 일생 최대의 선물임다!"

행복한 날에는
아기가 더욱 보고 싶어요

 어느덧 영어통일캠프 마지막 날이 되었다. 캠프파이어 장소로 가고 있는데 영란이 불쑥 내게 팔짱을 끼었다. 영란은 수줍음이 많으면서도 사람을 친근하게 대하는 아이다. 함경북도 화대에서 태어났는데 너무 가난해서 학교 근처에도 가보지 못했다고 한다. 그런데도 영란의 모습에서 가난의 티가 나지 않았다. 캠프파이어 장소로 가는 내내 영란은 내 손을 꼭 잡고 놓지 않았다. 땀으로 손이 끈적거리는데도 내 손을 놓지 않고 영란은 말했다.

 "전 지금 너무 외로워요. 제 손을 놓지 말아 주세요!"

 영란의 외로움이 내게 전이되어 오는 것 같아 잡은 손에 힘을 주었다. 영란이 나를 향해 씨익 웃었다. 이미 운동장에는 캠프파이어를 위한 장작이 가득 쌓여 있었고 아이들도 둥글게 모여 있었다. 행사 진행자들이 장작더미에 휘발유를 붓고 성냥을 긋자 타다닥

소리와 함께 불꽃이 피어올랐다. 밤하늘이 온통 붉은 빛으로 물들었다. 남북 청소년들이 어깨동무를 하며 덩실덩실 춤을 추기 시작했다. 모두들 상기된 얼굴이었다. 그야말로 밤하늘의 별들이 영롱한 빛으로 열기를 더해 주는 아름다운 밤이었다.

그런데도 영란의 얼굴은 좀처럼 펴지지 않았다. 처음에는 쑥스러워서 그런가 보다고 생각했다. 영란은 급기야 얼굴을 감싼 채 어딘가로 뛰어갔다. 나는 어리둥절했지만 혼자 두면 안 될 것 같아 영란을 따라 달려갔다. 영란은 등나무 밑 의자에 앉아 오열하고 있었다. 한참을 울고 난 영란이 내 앞으로 사진 한 장을 불쑥 내밀었다. 색이 누렇게 변할 정도로 낡은 사진이었다. 사진 속에서 갓난아기가 방긋 웃고 있었다. 예감이 이상했다.

"제가 한족 노인과 살다 낳은 아기예요. 아기를 버리고 떠날 때는 몰랐는데……. 오늘밤처럼 행복한 날에는 아기가 더욱 보고 싶어 미칠 것만 같아요!"

너무 놀라운 이야기에 나는 할 말을 잃었다. 내 표정이 너무 심각한 탓일까. 영란은 큰 죄인처럼 잔뜩 긴장한 얼굴로 말했다.

"여기 캠프에 와서 하나님에 대한 이야기를 듣다 보니 내 죄가 너무 큰 것 같아…… 괴로워요."

도저히 믿어지지 않았다. 내 눈에는 영란이가 털보송이로 보일 뿐인데 아기 엄마였다니. 거짓말 같은 진실이었다.

"국경선을 넘어 와 몇날 며칠을 굶어야 했어요. 중국 공안도 피해야 했고요. 산속을 헤매다 찾아 간 곳이 용정의 깊은 농촌이었어요. 주인아저씨가 하얀 이밥에 맛있는 돼지고기를 내놓으며 맘껏 먹으라고 하는데 꿈만 같았어요. 북에서는 생일날에도 못 먹던 음식이라 정신없이 먹었지요. 그게 덫이었어요. 주인아저씨가 날 한 쪽 늙은이한테 팔아 버린 거예요. 늙은이의 노리개로 사는 것보다는 차라리 배고픈 북한이 낫다는 생각이 들었지만……. 다시 돌아갈 수도 없었어요."

영란은 배고픔을 면한 대신 아기 엄마가 된 셈이었다. 도망갈 궁리만 하던 중, 아랫동네에 비슷한 처지의 언니를 만나 밤에 몰래 탈출하게 되었다는 스무 살의 아기 엄마. 영란은 떠나던 날 밤의 아슬아슬했던 이야기를 하며 또 울었다. 나는 가슴이 뻐근해지면서 답답해져 왔다.

"아기를 두고 올 때는 이럴 줄 몰랐어요. 난 내가 아기 엄마라는 생각을 단 한 번도 해본 적이 없어요. 근데 지금은 아기가 너무나 보고 싶어요. 이런 나를 하나님이 용서하실까요?"

영란은 통곡하듯 자신의 험한 인생 역정을 토해 내고 있었다. 차라리 드라마였으면 싶었다. 버리고 온 아기에 대한 그리움과 회한으로 몸부림치는 영란에게 나는 무슨 말을 해야 할 지 그저 난감할 뿐이었다.

스무 살 꽃다운 나이에 원치 않는 상황에서 엄마가 되었고, 엄마가 된다는 게 무엇인지도 모른채 핏덩이를 버리고 자유를 찾아온 영란. 영란의 눈물은 누가 닦아줄 것인가? 개인의 불행으로만 치부하기에는 너무도 아픈 사연이었다. 그야말로 영란은 분단의 비극을 온몸으로 껴안고 살아온 희생양인 셈이다 .

"놀라셨지요? 제가 더러워 보이지요?"

영란은 수치심과 죄책감으로 뜨거운 눈물을 흘렸다. 멀리서 들려오는 함성 소리가 몹시 낯설고 야속하게 느껴지던 순간이었다.

"내게 말해 줘서 고마워. 영란아, 얼마나 힘들었니? 하지만 널 자책하지는 마. 네 잘못만은 아니잖아. 하나님은 너의 마음을 아실 거야."

영란과 이야기하는 사이에 캠프파이어의 절정인 불꽃놀이가 시작되었다. 영란이 갑자기 불빛을 향해 달려갔다. 내게 아픈 사연을 말할 때와는 달리 영란은 남북 청소년들의 춤 대열에 끼어들어 손뼉을 치며 함께 즐겼다. 버리고 온 아기가 보고 싶어 오열하던 아기 엄마가 아니라 그저 앳된 스무 살 아가씨일 뿐이었다. 그래서 나는 더욱 가슴이 짠했다.

통일캠프에 와서 처음으로 들은 '하나님'이라는 단어가 전혀 낯설지 않았다는 영란. '엄마'라는 말을 들을 때처럼 친근감이 들었다며 싱긋 웃었다. 그래서인지 영란은 뜨겁게 기도하고 싶다고 했다. 나는 영란이 자신의 비밀을 털어놓고 회개하는 자리에 성령의 불이 임하길 간절히 소망했다.

숲에서 열린 통일캠프 일주일간, 나는 영란이처럼 상처받은 탈북 아이들이 자신을 옭아매던 무거운 짐을 벗어 던지는 장면을 수없이 목격했다. 보이지 않는 힘이 자신들을 이곳까지 인도했다는 것을 깨달은 회심의 눈물이었다.

남한 아이들도 마찬가지였다. 억지로 떠밀려오거나 영어공부를 위해 구경꾼 심정으로 왔다가 많은 변화를 체험하고 있었다. 한 남한 여학생이 똑 부러지게 이런 말을 했다.

"캠프 저녁집회 때마다 탈북 아이들이 나와서 탈북 과정을 말할 때 솔직히 너무 놀랐어요. 그토록 무섭고 험한 길을 어떻게 헤쳐 왔을까? 저라면 정말 감당 못했을 것 같아요. 하지만 오직 살아서 남한에 있는 엄마를 보기 위해 왔다는 말에…… 울컥 했어요. 지금까지 저는 '탈북자'라는 말에 약간 부정적인 느낌을 갖고 있었거든요. 뭐든 공짜만 좋아하고 우리나라도 힘든 사람들 많은데 많은 혜택을 받고도 고마운 줄 몰라 한다고요. 그런데 여기 와서 만난 탈북 친구들의 이야기를 들으면서 많은 부분이 오해였구나 싶었어요. 앞으로 저 같은 생각을 하는 사람들이 있으면 나서서 그건 오해라고 대변해 줄 거예요."

이번 캠프에서 나는 젊은 세대에게 희망을 엿보았다.

일주일의 행사를 마치고 집으로 돌아오는 버스 안은 첫날의 그 서먹한 분위기와는 완연히 달랐다. 남북 청소년들은 오래된 동무처럼 친근감을 드러냈다. '형과 언니, 너와 나'라는 호칭을 자연스럽게 부르며 친근해했다. 다시 만나자며 전화번호와 주소를 주고받는 모습도 눈에 띄었다. 특히 탈북 아이들은 그동안 남한 아이들에 대해 가졌던 궁금증을 많이 풀은 듯한 표정이었다.

캠프가 진행되는 동안 뉴스에서는 연일 폭염주의보가 내릴 만큼 덥다고 했다. 하지만 남과 북의 청소년들이 모인 이곳은 더위도 맹위를 떨치지 못하는 듯했다. 남북 청소년들이 '작은 통일'을 이루어 내는 열기에 더위를 느낄 새가 없었는지도 모른다.

"내년 여름 캠프에도 꼭 참석하고 싶습니다. 이번에 만난 탈북 친구들을 그때도 꼭 만나고 싶어요."

"캠프를 통해 하나님에 대해 확실히 알게 되었어요. 또한 남한 친구를 사귀게 된 것이 무엇보다 행복합니다."

참석한 학생들의 소감을 들으며 하늘꿈학교가 해마다 많은 예산과 정성을 들여 이 캠프를 여는 이유가 있구나 싶었다. 내년에 이어질 '작은 통일 잔치'가 은근히 기다려진다.

기숙사가 있다는 게 짱이에요!

"하늘꿈학교에 어떻게 오게 되었니?"

내가 하늘꿈학교 아이들을 만날 때마다 하는 질문이다. 기독교를 표방하는 학교인 데다 학력을 인정받지 못하는 대안학교여서 학교 선택이 쉽지 않았으리라 싶어서다. 이곳에는 일반 학교를 다녀 본 아이가 열 명 중 한 명 정도밖에 되지 않았다. 어찌 보면 일반 학교는 탈북 아이들에게 벽이 높다.

"일반 학교에 다니다가 하늘꿈학교에 왔어요. 고향에서 몰래 남한 드라마를 볼 때부터 남한 아이들처럼 교복 입고 책상에 앉아 공부하고 싶었어요. 그런데 쉽지 않았어요. 일단 학교 수업을 따라가기가 힘들었어요. 국사는 북에서 배운 것과 완전 딴판이에요. 우리나라의 역사관이 이렇게 다른 줄은 꿈에도 몰랐어요. 북에서는 고구려가 삼국을 통일했다고 배웠거든요. 그래서 고구려의 정기를 받아 통일의 주인이 되어야 한다는 소리를 귀에 못이 박히도록 들었지요."

이 말을 듣는 순간 나는 멍해졌다. 역사마저 다른 내용이라니 아이들이 얼마나 혼돈스러웠을까 싶었다. 열일곱 살 미숙이는 이런 말을 했다.

"남한 친구들은 어릴 때부터 영어를 배워 왔잖아요. 저도 북한에서 영어를 배우긴 했지만 완전 초짜예요. 그리고 남한 아이들은 저를 친구로 생각하지 않고 호기심의 대상으로만 바라봤어요. 그래서 일반 학교에서 한 학기 마치고 바로 하늘꿈학교로 왔어요."

미숙은 제법 똑똑한 친구라서 북에서는 영재들이 다닌다는 고등학교에 다녔다. 남한에 와서까지 북한 아이들과 만나는 게 싫었지만 일단 이곳 하늘꿈학교에 오고 나니 마음이 한결 편하다고 했다. 미숙은 하늘꿈학교의 일상에도 만족스러워하는 것 같았다.

"그룹홈(공동생활가정)에 사는 언니들이 잘해 줘서 이제 일반 학교에 대한 열망은 많이 사라졌어요."

미숙의 경우처럼 많은 탈북 아이들이 일반 학교의 벽에 부딪쳤을 때 대안학교를 찾곤 한다. 그렇다면 서울 시내에만 해도 탈북 아이들을 위한 대안학교가 제법 많은데, 왜 하필이면 하늘꿈학교를 택했을까?

"기숙사가 있다는 게 짱이에요. 저처럼 무연고자인 애들은 살 곳을 마련하는 게 가장 큰 문제거든요. 먼저 온 선배나 어른들이 한결같이 권하는 곳이 바로 하늘꿈학교예요. 기숙사도 있고 선생님들과 함께 지내니까 신뢰할 수 있다고요. 그래서 저도 여길 선택했는데 정말 잘한 것 같아요. 기숙사에 가면 엄마와 사는 집처럼 편안하고 행복해요."

어느 새 남한의 은어인 '짱이에요'라는 말을 쓰는 미숙. 그런 말을 사용하는 미숙이 재밌어 나는 '풋' 하고 웃었다. 미숙의 말처럼 하늘꿈학교는 탈북 아이들을 위한 기숙사를 내실 있게 운영하고 있다.

하늘꿈학교에서 운영하는 기숙사는 모두 열한 곳이다. 한 건물에 방이 여럿 있는 기존의 기숙사를 생각하면 오산이다. 하늘꿈학교 기숙사는 서울 시내 여기저기 흩어져 있다. 빌라나 다세대주택 방을 하나씩 얻어 열 명에서 다섯 명 정도가 선생님 한 분과 함께 지내는 식이다. 저렴하면서도 좋은 조건으로 전세를 얻을 수 있는 곳을 찾다 보니 뿔뿔이 흩어져 산다. 현재 석촌동과 중곡동, 신사동과 삼전동 등에 여학생 그룹홈이 있고, 구의동에 남학생 그룹홈이 있으며, 대학생 그룹홈은 따로 있다. 그룹홈을 학생들에게 무료로 제공하는 것은 물론, 학교 선생님들이 같이 지내며 아이들을 돌보고 있다. 탈북 아이들에게 이보다 더 여건이 좋은 학교가 있을까?

어느 날, 광진구에 있는 남학생 그룹홈을 찾아갔다. 제각기 볼일이 있어 나갔는지 아이들이 거의 보이지 않았다. 대신 기숙사 사감

겸 총각아빠인 김재영 선생님과 김지호 선생님이 환한 미소로 맞아 주었다. 인사를 하고는 목이 말라 냉장고를 열어 보았더니 김치통 하나만 달랑 있을 뿐, 아무것도 없었다.

"아침, 점심, 저녁을 모두 학교에서 먹고 오기 때문에 반찬은 많이 필요하지 않아요. 하지만 한창 먹성이 강한 아이들이잖아요. 특히 남학생들이고요. 밤에 들어오면 출출해하죠. 그런데도 어떤 때는 라면 한 봉지도 없을 때가 있어요. 그땐 정말 아이들에게 미안하지요."

그룹홈은 학교에서 마련해 주지만 아이들의 간식이나 난방비 등은 학생들과 선생님이 십시일반 모아 충당하고 있었다. 그러다 보니 간식비가 부족하다는 것이다. 북에서 배고파 넘어온 아이들인데 간식비가 부족하다고 생각하니 안타깝기 그지없었다. 기숙사를 둘러보고 있는데 볼일을 마친 학생들이 하나둘 들어왔다. 아이들은 나를 보더니 엄마를 만난 것처럼 반가워했다. 나도 학교에서 만나는 것과는 또 다른 느낌이 들었다.

우리는 둘러앉아 마치 엠티라도 온 것마냥 웃고 떠들며 이런저런 이야기를 나누었다. 그러다 보니 모두 출출해 하는 눈치였다. 나는 아이들이 좋아하는 통닭과 피자를 시켰다. 아이들이 맛있게 먹는 모습을 보는 것만으로도 배가 불렀다. 뼈까지 씹어 먹을 듯 깨끗이 통닭을 먹는 아이들……. 나는 포만감에 젖은 아이들에게 기숙사에 살면서 바라는 게 뭐냐고 물었다. 그랬더니 아이들은 제각기 가슴속에 품은 것들을 조심스럽게 털어놓았다.

"한꺼번에 많은 것을 도와 달라는 말은 안 해요. 헌데 기숙사에 들어오면 뭔가 먹고 싶을 때가 많거든요. 그럴 때 실컷 먹을 수 있는 라면이나 과자 등은 좀 풍성했으면 좋겠어요. 하하."

"그룹홈 청소를 돌아가면서 하는데 귀찮을 때가 있긴 해요. 그래도 깨끗이 청소하고 나면 정말 내 집처럼 느껴져서 좋아요."

"생활비로 5만 원 내는데 솔직히 벅찰 때가 많아요."

청이가 불만을 토로하자 눈빛이 착한 철이가 내게 신경 쓰지 말라는 신호를 양손으로 하면서 잽싸게 말머리를 돌렸다.

"장가도 안 간 선생님들이 우리에게 아빠가 되어 주시는 걸 보면 같은 남자로서 죄송할 때가 있어요. 선생님도 데이트도 하시고 그래야 하는데……."

웃고 떠들며 먹다 보니 자정이 가까워졌다. 다음 날을 위해 자리에서 일어서려는데 김지호 선생님이 나를 차 타는 곳까지 배웅해 주겠다고 따라 나왔다. 나는 평소 선생님에게 궁금했던 것을 물었다.

"선생님. 너무 힘들지 않으세요? 낮에 가르치며 부대낀 아이들을 밤에도 또 보면서 사는 거 말예요."

김지호 선생님은 1초도 머뭇거리지 않고 대답했다. 이런 질문의 답을 이미 준비해 놓았다는 듯이 또렷하게.

"저는 연봉 30억보다 하늘꿈학교 선생님이 더 귀한 자리라고 생각합니다. 버거워서 도망가고 싶을 때도 분명 있지만 그 생각은 잠시뿐입니다."

하늘꿈학교야말로 자신이 있어야 할 자리라는 마음을 하나님이 늘 주신다는 선생님의 말에 숙연해졌다. 말없이 학교 일이나 아이들을 돌보는 일에 앞장서는 김재영 선생님도 마찬가지다. 두 분 모두 북한에 복음을 전하는 마음으로 아이들을 돌보고 사랑하는 것 같았다.

며칠 후 나는 남자 기숙사에 다녀와 받은 감동을 교장 선생님께 이야기했다. 그러면서 아이들의 간식이 충분했으면 좋겠다는 말을 조심스럽게 전했다. 그런데 놀랍게도 이 말을 전한 지 얼마 지나지 않아 도움의 손길이 이어졌다. 이미 하늘꿈학교에 많은 도움을 주고 있는 선한목자교회에서 전체 열한 개 그룹홈에 매달 필요한 물품이나 반찬, 간식 등을 제공하기로 했다는 것이다. 나는 필요할 때마다 만나를 떨어뜨려 주시는 하나님의 사랑에 다시 한 번 전율하지 않을 수 없었다.

햇볕도 되어 주고
그늘도 되어 주는 선생님

 남학생 기숙사를 탐방한 후 신사동에 있는 여학생 그룹홈을 찾아가기로 했다. 꽃비가 흩날리던 어느 봄날이었다. 여학생 그룹홈 담당 선생님과 가락동 하늘꿈학교에서 신사동까지 버스를 타고 가니 꽤 시간이 걸렸다. 학교와 거리가 멀어 오가기 힘들 것 같다는 내 말에 담당 선생님인 김은경 선생님은 말했다.
 "거리는 좀 멀지만 대중교통을 이용하면서 아이들이 더욱 쉽게 남한 사회에 적응하는 것 같아요. 두려움을 빨리 털고 무엇이든 도전해 보는 거지요. 외국 여행 갈 때도 배낭여행 하는 사람들이 더 빨리 그 문화에 적응하는 것과 마찬가지지요."
 버스에서 내려 십여 분을 걸어 그룹홈이 있는 빌라에 도착했다. 문 입구에 널려 있는 신발이며 빨랫줄에 즐비하게 널어놓은 옷가지들을 보자 정겨운 마음마저 들었다. 아이들은 나를 보자 소리를 지르며 반겼다. 생각지도 못한 환대에 가슴이 뭉클했다.

특히나 나를 가장 반겨 준 아이는 현희였다. 천안 하늘꿈학교(하늘꿈학교는 개교 이래 천안과 서울에 각각 캠퍼스를 운영해 왔다. 천안 하늘꿈학교는 2011년에 독립하여 새로 법인을 설립했으며 현재는 '드림학교'로 불린다.)에서 공부하면서 주말이면 이곳 그룹홈에 와서 생활하는 아이였다. 자기 방을 구경시켜 준다며 현희가 내 손을 잡아끌었다.

예전에 만났을 때 현희가 들려주었던 가족사가 문득 떠올랐다.

"전 아버지 얼굴도 본 적이 없습니다. 엄마는 제가 여덟 살 되던 해에 암으로 돌아가셨고요. 이모 집에 얹혀살며 눈칫밥을 먹었습니다. 어느 날 이모가 고추를 따오라고 해서 들에 나갔더니 다른 사람들이 모두 따가서 남은 게 없었습니다. 저는 집에 가서 이모한테 죽도록 맞으나, 강을 건너다 수비대에 걸려 죽으나 마찬가질 것 같아…… 그날로 도망쳤습니다. 마침 그날 비가 와서 강을 지키는 국가안전보위부 군인이 없어 무사히 중국 땅을 밟았습니다. 거지꼴로 조선족 집에 들어가서 도움을 청했다가 다행히 맘씨 좋은 노부부를 만나 남한까지 오게 됐습니다."

남한에 오게 된 것이 자신도 신기하다며 나를 바라보던 현희의 눈길. 그 눈길이 지금도 생생하다.

현희는 북한에서 학교에 다닌 적이 없어 한글을 못 읽는다고 했었다. 나는 그때 한글을 못 읽는다는 현희의 말에 문맹이 뭐 그리

대수라 싶었다. 그런데 천안에서 서울로 올라올 때마다 간판이나 버스 표지판을 읽지 못해 엄청 고생을 한다는 선생님의 말을 듣고 그 심각성을 알게 되었다. 이날 현희는 심각한 얼굴로 한글을 읽을 줄 알게 되면 산에 갈 거라고 했다. 의아해하자 현희는 이렇게 말했다.

"산에 가서 소리치고 싶어서요. '나도 이제 한글 다 읽을 줄 안다!' 그러면 그동안 쌓인 설움이 다 사라질 것 같아요. 그런 날이 오겠죠, 선생님?"

나는 그때 현희가 했던 말을 떠올리며 현희에게 물었다.

"현희야, 이제 한글 다 읽을 줄 아니?"

"그럼요, 영어 간판도 다 읽을 줄 알아요."

현희가 내 손을 잡아끈 이유가 바로 자랑을 하고 싶어서였다. 나는 현희가 몇 개월 만에 한글과 영어 실력이 부쩍 성장한 것이 대견해 머리를 쓰다듬으며 말했다.

"이제 산에 올라가 소리쳐도 되겠는걸?"

"네, 산뿐만 아니라 온 세상을 향해 소리치고 싶어요. '나도 이제 간판 다 읽을 수 있어요'라고요."

현희는 어린아이처럼 응석을 부리며 말했다. 농부가 씨앗을 뿌려 거두는 심정이 딱 이렇지 않을까 싶었다. 메마른 땅일지라도 정성껏 갈고 거름을 주다 보면 옥토가 되듯이, 아이들에게도 끝없는 사랑의 물을 줄 때 아름다운 열매가 맺어지니 말이다.

현희와 잠시 이야기를 나누고 거실로 나오자 다른 아이들은 선생님과 함께 종달새처럼 떠들고 있었다. 아직 결혼도 안 한 '처녀 엄마'는 옷도 갈아입지 못한 채, 달려드는 아이를 무릎에 앉혀 놓고 귀청을 파주기도 하고, 아이들의 고민도 들어주면서 엄마 노릇을 하고 있었다.

저녁이 되어 한 명 한 명씩 집에 들어오는 아이들이 식탁에 앉아 도란도란 이야기꽃을 피웠다.

어느 새 아이들의 마음은 고향 땅에 가 있는 듯했다. 기숙사에 온 지 얼마 되지 않았다는 수아는 북에서 옥수수 장사를 했다고 한다.

"저는 7년이나 장에 나가 옥수수를 팔았어요. 배급 나온 걸 방앗간에 가져가 갈아서 팔았는데 대부분 물물교환을 했지요. 전, 옥수수 장사를 해서 우리 식구를 먹여살렸어요."

"그럼 학교는 어쩌고?"

"당연히 학교 근처도 못 가봤지요. 북에서는 저뿐 아니라 많은 아이들이 학교에 가지 못하는 경우가 많아요. 학생들만 그런 게 아니라 선생님들도 장에 나와 식량을 구하는 게 더 급한걸요."

"북한은 정말 과일이 맛있어요. 사과를 껍질째 먹어도 아삭아삭 소리가 날 정도로 맛있고 자두도 여기보다 훨씬 크고 꿀맛이에요."

아이들의 말은 북한에 대한 나의 편견을 여지없이 깨트려 버렸다.

"남한 사람들은 우리를 이방인으로 볼 때가 많아요. 그렇지 않으면 꽃제비 정도로 불쌍하게만 보고요. 사실 어디를 가나 사는 모습이 다 다르듯이 북한도 그런 거예요. 우리는 좀더 나은 미래를 위해 목숨 걸고 여기까지 왔을 뿐, 이곳 사람들과 다르지 않아요. 그런데도 이곳 사람들이 내 말투를 듣자마자 '너 북한에서 왔구나?' 하고 무시할 때면 너무 화가 나요! 사람들이 나를 마치 외계인 대하듯 쳐다볼 땐 너무 싫어요. 그래서 북한 말투를 고치려 애쓰고 있어요."

물론 나도 처음에는 아이들의 억센 말투에 당황했다. 그래서 나도 모르게 '너, 고향이 어디니?'라고 물곤 했다. 그저 낯선 것에 대한 무의식적인 질문이었는데 아이들에게는 상처가 될 수 있음을 알게 되었다.

"거리의 간판이 거의 영어로 되어 있잖아요. 어떤 간판은 프랑스어인지 스페인어인지 영 모르겠더라고요. 처음에는 외국에 온 게 아닌가 싶을 만큼 낯설고 혼란스러웠어요. 스타벅스가 뭐하는 곳인지도 몰랐어요. 그런데 왜 남한에는 영어 간판이 걸린 커피 전문점이 그토록 많은 거죠? 지금도 헷갈려요."

나도 국적 불명의 간판을 보면 한숨부터 나오는데 북에서 넘어온 아이들은 오죽하랴.

"북한 말과 여기 말이 많이 다르니?"

"여기서는 살 빼는 것을 '다이어트'라고 하잖아요. 북에서는 '몸까기'라고 해요. 못 먹으니까 몸까기 할 사람도 많지 않지만요. 난 여기 와서 배가 너무 나와 몸까기 해야 합니다. 하하!"

외모에 관심이 많은 미희가 장난스런 말투로 물꼬를 텄다. 아이들도 까르르 웃었다.

"미희야, 넌 지금이 딱 좋아. 절대 몸까기 하지 마라."

나도 맞장구를 쳐주었다.

"선생님, '오늘은 몸이 영 쨉니다'라는 뜻이 뭔지 아세요?"

하나원에서 나온 지 얼마 되지 않은 아이가 투박한 말투로 물었다. 아이들은 어리둥절해하는 나를 흥미로운 표정으로 바라보았다.

"몸이 거북하고 편안하지 않은 것을 '몸이 영 쨴다'고 합니다. 그러면서 조퇴를 신청하기도 하는데 몇 번 써 먹으면 효과가 없지요."

이 말도 재밌다 싶은데, 이번에는 순미가 물어왔다.

"'자유주의 하지 말라'는 뜻도 알아맞혀 보세요."

알 듯싶으면서도 정확하게 꼬집어 말하긴 어려웠다.

"'개인행동을 하지 말라'는 걸 북에서는 '자유주의 하지 말라'고 합니다. 재밌죠?"

아이들은 남한 말과 다른 북한 말의 표현을 내게 계속 알려 주었다.

"매니큐어는 '손톱 그림'이라고 해요."

"립스틱을 '입술연지'라 하고요."

"마네킹은 '몸틀'이고요."

"마스카라는 '눈썹먹이'라고 하는데 정말 재밌죠?"
"아! 그리고 스타킹은 '살양말'이라고 해요."
"시집간 딸은 '집난이'라고 하고, 시동생을 '적은이'라고 해요. 또 새엄마, 새아빠를 '훗엄마, 훗아빠'라고 하는 것도 여기와는 다르죠?"

북에서 새아빠의 횡포를 견디지 못해 탈북을 결심한 민정이가 말했다. 아이들과 북한 말에 대한 이야기를 하다 보니 시간 가는 줄도 몰랐다. 나는 불현듯 어디선가 들은 이야기가 생각나 아이들에게 물었다.

"얘들아, 정말 북에는 '사랑한다'는 말이 없니?"
"네. 맞아요. 거기는 '사랑한다'는 말이 아예 없어요. '데이트'라는 말도 없고요. 그냥 '연애한다'고 하지요."

나와 아이들의 대화를 가만히 듣고 있던 선생님이 불쑥 이렇게 말했다.

"사랑한다는 말조차도 모르던 아이들이 지금은 눈만 마주치면 '선생님, 사랑해요'를 입에 달고 살아요. 그 맛에 데이트할 시간이 없어도 짜증이 안 나요. 물론 조금 지친다 싶을 때가 있긴 해요."

이제야 왜 선생님들이 낮에도 밤에도 그렇게 아이들을 품고 있는지 알 것 같다. 사랑한다는 말도 모르던 아이들이 '선생님, 사랑해요. 고마워요.' 하며 안길 때, 비록 자식을 낳아 보지는 않았지만 낳은 부모 못지않게 정을 느낀다는 것을 말이다. 하지만 왜 지치는 때가 없겠는가? 회의가 들 때가 있고 힘도 들 것이다. 자기가 낳은 자식을 키우면서도 부모들은 힘겨워 울고 싶고 도망치고 싶을 때가 얼마나 많은데 말이다. 이들은 피 한 방울 섞이지 않은 사이가 아닌가. 그럼에도 탈북 아이들의 엄마로, 아빠로 살아가는 선생님들이 나는 대단하다 못해 존경스러웠다.

밤이 깊어가고 있었다. 함께할 시간은 짧은데 할 이야기가 너무나 많았다. 시간은 너무 빨리 지나갔다. 아쉽지만 자리에서 일어나야 했다. 나는 아이들과 아쉬운 작별인사를 하고 밖으로 나왔다. 가로등 불빛 아래서 꽃잎이 하롱하롱 춤을 추고 있었다. 꽃길을 걸어나오며 나는 기숙사 엄마인 김은경 선생님이 해준 말을 떠올렸다.

"우리는 한 가족이라고 생각하며 살고 있어요. 그래서 액자에 사진을 넣어 이렇게 걸어 놓았죠. 아이들이 의식적으로라도 가족이라는 걸 느끼라고요. 부모형제 없이 홀로 이 땅에 사는 아이들이 안정도 찾고 외로움도 덜 했으면 좋겠어요."

서로를 언니, 동생, 엄마라 부르며 가족이 되어 의지하고 살고 있는 아이들과 선생님. 헤어진 지 얼마 되지 않았는데도 선생님의 든든한 눈빛과 아이들의 밝은 눈망울이 아롱거렸다. 피를 나눈 사이는 아니지만 햇빛도 되어 주고 시원한 그늘도 되어 주면서 서로에게 버팀목이 되는 선생님과 아이들. 이들은 따뜻한 가족 공동체를 이루며 씩씩하게 살아가고 있었다.

남학생들과 여학생들이 사는 그룹홈을 두루 다녀 보니 왜 탈북 아이들이 그토록 하늘꿈학교에 오기를 소망하는지 알 것 같았다. 하늘꿈학교는 거친 바람에도 무너지지 않는 가족 같은 사랑이 넘치는 곳이기 때문이다.

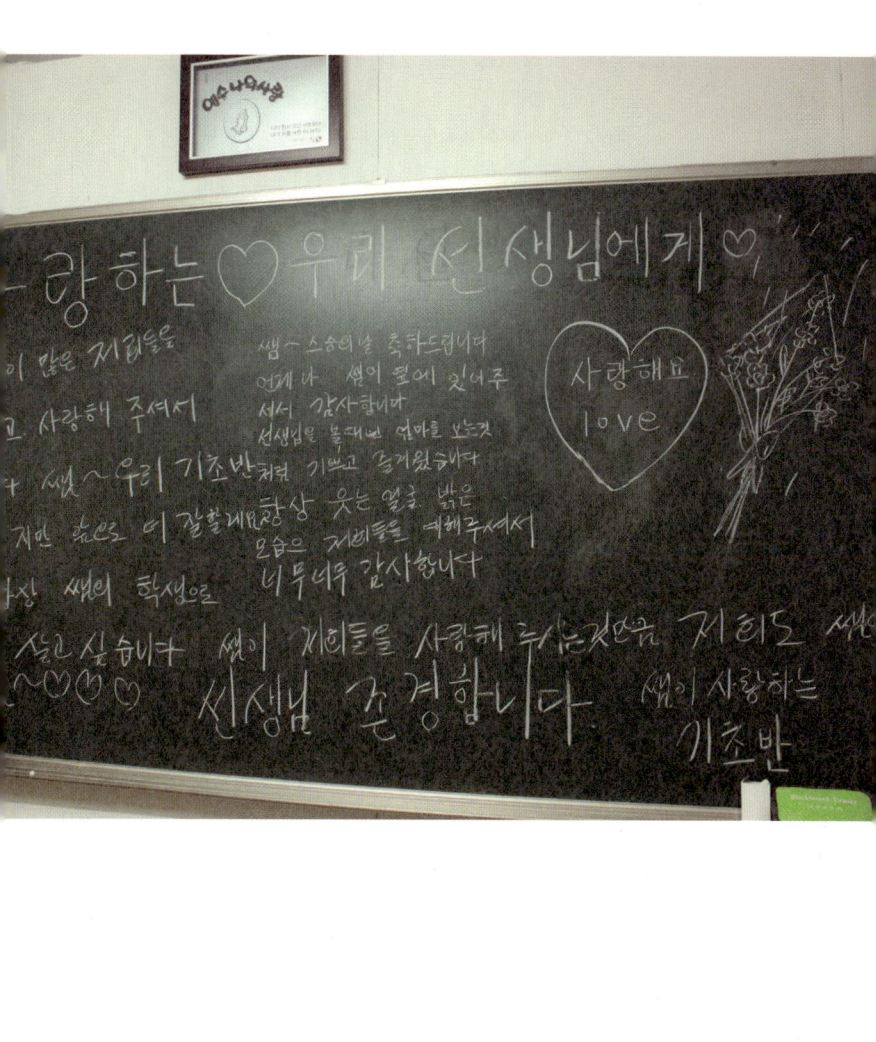

'통일의 열쇠'들이 한자리에

하늘꿈학교를 졸업한 아이들은 지금 어디서 무엇을 하고 있을까? 나는 졸업생들의 현주소가 궁금할 때가 많았다. 가끔 학교에 찾아 온 졸업생들을 만나면 궁금증은 더해 갔다.

졸업생들의 모습은 제각기 다양하다. 대학 생활을 잘하고 있는 생기발랄한 친구들이 있는가 하면 생계를 위해 온갖 아르바이트를 하느라 지칠 대로 지친 얼굴도 있다. 옛 선생님의 품에 안겨 소리 없이 우는 학생을 보고 난 날은 내 마음도 편치 않다.

마침 집으로 '하늘꿈 홈커밍 데이' 초청장이 날아왔다. 반가운 마음에 한숨에 달려갔다. 이 행사를 위해 인천국제공항공사 인재개발원은 멋진 장소는 물론 맛있는 식사에 호텔급 침실까지 제공했다. 작은 동산에 야생화가 피어나 운치를 더해 주는 개발원은 별장처럼 아름다웠다.

행사가 시작되기 전, 재학생들은 삼삼오오 앉아 이야기꽃을 피우는가 하면 축구와 농구를 하면서 졸업생 선배들을 기다리기도 했다.

해가 어스름해지자 졸업생이 하나둘 씩 도착했다. 선생님들의 얼굴에는 반가움이 가득했다. 이산가족 상봉하듯 다짜고짜 선생님 품으로 달려드는 졸업생들도 눈에 띄었다. 아는 선후배끼리는 친형제처럼 서로를 뜨겁게 안아 주었다. 마치 영화의 한 장면 같았다. 모두들 잔칫집에라도 온 것처럼 기뻐했다.

땅거미가 지는가 싶더니 어느덧 짙은 어둠이 찾아왔다. 개발원 강당에는 30명 정도의 졸업생과 60여 명의 재학생을 비롯해 자원봉사자들로 가득 찼다. 찬바람이 세찬 초겨울인데도 참가자들의 뜨거운 열기로 강단 안은 훈훈하다 못해 더울 지경이었다.

2011년부터 지급하기로 한 '양승란 어머니 장학금'을 졸업생 세 명에게 전달하는 것으로 행사가 시작되었다. 양승란 어머니는 탈북 아이들을 위해 자신의 재산을 내놓고 얼마 전에 하늘의 부르심을 받은 분이다. 그녀의 자녀들이 돌아가신 어머니의 유품을 정리하다가 우연히 일기장을 발견했다고 한다. 어머니의 일기장에는 이런 글귀가 있었다.

텔레비전에서 탈북 아이들이 남한에 와서 고생하는 장면을 보았다. 너무나 가슴이 아프고 쓰리다.

그 일기장에는 평소 양승란 어머니의 마음이 고스란히 담겨 있었다. 자식들은 상을 마친 뒤 어머니의 뜻을 기리고자 1억 원이라는 큰돈을 학교에 기부했다. 그렇게 만들어진 장학금이 처음으로 졸업생들에게 전달되었다.

이날 행사의 하이라이트는 졸업생과 재학생의 '이야기 마당'이었다. 사회 경험을 해본 선배들의 생생한 이야기는 후배들에게 도전과 자극이 되었다. 지난해 한국외대 국제학부에 들어간 명희가 말문을 열었다.

"우리는 검정고시만 치르고 대학에 들어갔기 때문에 실력 면에서 힘든 점이 많습니다. 그러니 미리 영어나 글쓰기 같은 것은 준비해야 합니다."

스물한 살이라는 나이가 믿기지 않을 정도로 소녀티를 벗지 못한 영진이가 자못 진지하게 말했다.

"나는 처음에 대학에서 만난 친구들과 과제를 같이하면서 못하겠다는 말이 부끄러운 줄도 몰랐습니다. 그런데 친구들은 내가 북에서 왔기 때문에 뭐든 잘 못다는 걸 알았던 것 같습니다. 나는 점점 왕따가 되어 갔습니다. 너무 자존심이 상했습니다. 그래서 혼자 프리젠테이션 자료를 만드는 것도 배우고, 모른다는 말을 하기 전에 답을 찾는 훈련을 했지요. 지금은 괜찮아졌지만 그 과정이 너무 힘들었습니다."

이번에는 한양대에 들어가 잘 적응하고 있는 재성이가 듬직한 모습으로 말했다.

"하늘꿈학교에 있을 때 선생님들이 하시는 말씀을 조금만 더 들었더라면 하고 아쉬워한 적이 있습니다. 신문도 많이 보고 책도 많이 읽어야 한다고 했을 때는 잔소리로만 들렸거든요. 그런데 진짜 그렇게 해야 합니다. 대학에 가면 교수님들이 영어나 시사 문제를 거론하며 강의하시는데…… 남한 생활이 익숙지 않은 우리는 외래어 듣는 것처럼 뭔 소린가 싶은 때가 태반입니다. 신문이라도 꼼꼼히 읽었으면 세상 돌아가는 것을 알았을 텐데……. 아무튼 신문이든 책이든 많이 보고 읽으면 훨씬 이해하기 쉬워집니다."

후배들은 선배들의 말 한 마디라도 놓칠세라 귀를 쫑긋 세우고 들었다. 재성이는 하늘꿈학교에 다닐 때부터 모범생이었다. 대학에 들어가서도 우수생으로 잘 적응하고 있다.

동국대 경찰행정학과에 다니고 있는 별희가 말을 꺼냈다.

"난, 부끄럽지 않은 경찰이 되기 위해 유도도 배우고 운동도 많이 합니다. 공부도 엄청 열심히 하고 있습니다. 물론 무엇보다 몸만들기에 집중하고 있지요. 경찰이 되고 싶은 사람은 내게 물어봐 주세요. 친절히 가르쳐 줄게요."

별희의 씩씩한 모습에 후배들이 환호성을 지르며 손뼉을 쳤다. 그 부러움이 섞인 박수에는 선배들이 자신의 길을 끝까지 잘 가서 멋진 롤모델이 되어 주길 염원하는 마음이 묻어 있었다.

매우 인상적인 말을 남긴 친구도 있었다.

"나는 정치외교에 관심이 많았기 때문에 당연히 정치학과에 갔습니다. 그러나 대학에 들어가서 내가 왜 이 공부를 해야 하는지 확신이 없었습니다. 그래서 잠시 휴학을 하기도 했지요. 휴학 기간에 미국에 가서 제자훈련학교(DTS) 훈련도 받고 어학 공부도 했습니다. 나는 우리 탈북자들을 '통일의 열쇠'라고 생각합니다. 통일이 오면 우리는 반드시 쓰임을 받게 될 것입니다. 우리가 이곳에 와 살게 된 것은 결코 우연이 아닙니다."

'통일의 열쇠'라는 말이 공명처럼 내 귓가에 울려 퍼졌다. 나는 공감의 표시로 힘찬 박수를 보냈다. 성균관대에서 정치학을 공부한다는 김재용. 자기주관이 뚜렷해 보이는 청년이었다. 하늘꿈학교 최초의 졸업생으로 매우 영특하면서도 듬직해 보이는 친구였다. 통일이 오면 북한에 가서 정치를 하겠다던 재용이의 눈빛. 그 눈빛을 오랫동안 잊지 못할 것 같다.

이후 오랜 방황 끝에 글쓰기로 진로를 바꿨다는 하늘꿈학교의 대선배 은휘의 절절한 고백이자 충언이 이어졌다.

"하늘꿈학교를 명문으로 만드는 것은 바로 나 자신이라는 생각으로 살고 있습니다. 왜냐하면 하늘꿈학교는 우리 탈북 학생들이 돌아가서 맘껏 쉴 수 있는 집과 같은 곳이니까요. 그 집을 가꾸고 빛내는 것은 선생님들만이 아니라고 생각해요. 바로 우리가 해야 할 몫이지요."

은휘의 말이 끝나자 강단 안이 떠나갈 정도로 박수 소리가 울려 퍼졌다.

강단에 서서 말한 아이들 중에는 꽃제비 생활을 하기도 했고 인신매매로 팔려갈 뻔했던 아이도 있었다. 또한 영어 알파벳은커녕 한글도 모르던 학생도 많았다. 그러나 그들은 지금 하늘꿈학교를 거쳐 남한이라는 광야에 뿌리 내리기 위해 안간힘을 쓰고 있었다. 나는 그들이 안쓰러우면서도 자랑스러웠다. 그들을 잠깐 지켜본 나도 그러한데 그들을 품 안의 자식처럼 키운 선생님들의 감회는 어떠했을까. 모든 선생님들이 촉촉한 눈빛으로 제자들의 축제 마당을 지켜보고 있었다.

명문은 스스로 만드는 거라는 졸업생 은휘의 말을 듣는 순간 하늘꿈학교의 밝은 미래가 더욱 또렷이 보였다. 생생한 경험을 전하는 선배들과 그들의 말을 진지하게 경청하는 후배들이 힘을 모아 전진한다면 두려울 게 없을 것 같았다. 선후배들과 선생님들이 풀어 내는 훈훈한 이야기로 밤 12시가 넘어서야 행사가 끝났다.

늦은 시간이지만 집으로 돌아오는 내 발걸음은 가벼웠다. 그 빛나는 자리를 통해 탈북 학생들을 향한 하나님의 원대한 비전을 읽을 수 있었고, 하늘꿈학교가 남과 북의 화해자를 양성하는 다리가 될 것이란 확신이 들었기 때문이다. 머지않아 어디서든 자기 목소리를 내며 당당하게 살아가고 있는 하늘꿈 아이들을 만나게 될 것이다.

03

흔들리며 자라나는

탈북 아이들

하늘꿈학교의 전설, 은휘

 은휘는 하늘꿈학교의 전설적인 존재다. 전국 대입 검정고시 수석에 이어 명문 대학에 입학했기 때문이다. 탈북 학생으로는 대단한 일이다. 당시 이제 막 문을 연 하늘꿈학교에서 은휘의 행보는 큰 힘이 되어 주었다. 은휘는 후배들에게 '열심히 하면 명문 대학 진학은 물론, 무엇이든 할 수 있다'는 비전을 심어 주었다.

 그러나 대학생이 된 은휘의 소식은 그리 밝지만은 않았다. 이상한 소문이 떠돌았다. 극심한 우울증으로 집 밖을 나오지 않는다느니, 학교도 그만두었다느니 등, 들리는 소문마다 부정적인 내용뿐이었다. 은휘와 가깝게 지내던 선생님들도 연락이 닿지 않아 애를 태웠다.

 그런데 뜻밖에 지난해 하늘꿈학교 '홈 커밍 데이'에 은휘가 나타났다. 선생님들은 잃어버린 자식이 돌아온 것처럼 은휘를 반겼다. 하늘꿈학교 후배들도 전설의 선배를 만난 것에 고무적인 표정이었다.

그동안 은휘는 명문 대학을 그만두고 모 대학 문예창작과 학생이 되어 있었다. 누구나 부러워하는 명문 대학 간판을 떼어내고 진로를 바꾼 것이다. 도대체 그동안 은휘에게 무슨 일이 있었는지 궁금했다.

"대입 검정고시에서 수석을 했을 때 잠시 우쭐했지요. 하지만 대학에 발을 들여놓는 순간 우물 안 개구리라는 걸 알았어요. 우월감이 컸던 만큼 절망도 컸어요. 남한 아이들과 모든 면에서 경쟁할 자신도 없었고요. 그 아이들이 대학에 들어오기 전에 쏟은 시간과 공부한 양에 비하면 저는 새 발의 피도 안 되는 거였어요. 사막에 홀로 내던져진 것처럼 무섭고 외로웠어요. 무엇보다 대학 수업을 제대로 따라잡기가 힘들었고요. 자연히 세상을 피해 동굴로 칩거했지요."

나는 마음을 아프게 할 수도 있다고 생각하면서도 기어이 물어보고야 말았다.

"그래도 주위의 기대치를 생각해서라도 인내했어야 하는 것 아닐까?"

"학업에 대한 어려움만이었다면 견뎠을 거예요. 하지만 그보다 힘든 건 정체성에 대한 문제였어요. 고향을 떠나 이곳에 와 정착하면서도 구름 위를 떠도는 듯한 느낌이었지요."

여기까지 말하고 은휘는 말문을 닫았다. 한참 침묵을 지키던 은휘가 다시 말을 잇기 시작했다.

"사람들의 시선도 힘들 때가 많았어요. '나는 누구인가?'란 질문을 던지는 나날이 지속되면서 세상과 끈을 놓았어요. 3년 동안 누구와도 연락을 하지 않고 지냈어요. 건강도 점점 나빠지고 마음도 힘들었지요. 거기다가 남한에 같이 내려온 동생이 사고도 많이 치고…… 동생 뒤치다꺼리 하느라 몸과 마음이 모두 탈진된 상태였어요. 아무튼 모든 면에서 암흑기였어요. 그러다 어느 날 이렇게 살아서는 안 되겠다 싶더라고요. 그래서 다시 시작한 일이 글쓰기였어요."

은휘는 내가 건네준 음료수를 한 모금 마신 뒤 나를 물끄러미 바라보더니 이렇게 물었다.

"작가님도 하나님을 믿으세요?"

느닷없는 질문이었다. 내가 그렇다고 하자, 은휘는 지금까지 보였던 덤덤한 표정과 달리 부드러운 눈길로 나를 바라보았다. 동질감을 느끼는 것 같았다. 은휘는 한결 따뜻해진 눈길로 말을 이었다.

"하늘꿈학교에 들어오자 모두들 하나님을 믿으라는 거예요. 그러나 도저히 하나님이라는 존재를 믿을 수가 없었어요. 그런데 가랑비에 옷 젖듯 조금씩 하나님이 믿어지기 시작했고, 결국은 하나님밖에 믿을 분이 없다는 걸 깨달았지요. 요즘은 하나님 앞에서 기도하는 힘으로, 그 힘으로 살아가려고 애쓰고 있어요."

은휘는 말하는 것조차 힘들어할 만큼 몸이 약했다. 스물여덟 살이라는 나이가 믿기지 않을 만큼 앳된 얼굴에 병색이 짙었다. 나는 그런 은휘가 안쓰러웠다. 꿈을 찾고 있다는 은휘에게 응원을 보낸다고 하자 은휘는 잔잔한 미소를 띤 채 자리에서 일어났다. 나는 연약하면서도 쓸쓸해 보이는 은휘의 뒷모습을 한동안 바라보았다. 그리곤 언젠가 천안 하늘꿈학교 문예지에 실린 은휘의 글을 떠올렸다.

한국에 온 지 벌써 7년이다. 강산이 변한다는 10년에서 3년이 모자라는 긴 시간이다. 그 동안 나는 지독히도 힘겨운 터널을 지나왔다. 한때는 끝없이 컴컴한 굴 속에서 나오기를 거부하며 웅크리고 있기도 했다. 그때의 시간은 나에게 흐르지 않는 황하 같았다. 나는 무한히 펼쳐진 시간이란 바다 속에서 끝없이 유영하는 미생물이 되어 허우적거리며 느리게 흐르는 날들을 지겨워하는 인간이었다. ……
다시 나를 향해 외친다. 나를 소중히 여기기. 매일을 성실하게 살아가기. 함께 살아가는 이들을 아끼기. 미래에 대한 비전을 꿈꾸기. 실패해도 도전하기…….

실패해도 도전하기…… 그래 은휘야, 도전하기, 도전하기, 또 도전하다! 많은 사람들이 너를 위해 기도하며 응원하고 있다는 걸 잊지 말기 바란다.

'수령님'에서 '하나님'으로

겨울방학이 되면 하늘꿈학교에서는 제자훈련학교(DTS)를 진행한다. DTS는 'Discipleship Training School'의 약자로, 하나님과의 온전한 관계를 이루고 사람에게 복음을 전하게 하는 일종의 신앙 훈련 프로그램이다. 하늘꿈학교 학생들의 영적 훈련을 위해 엄청난 비용을 들여 산속에서 2주간 함께 자고 먹으며 프로그램을 연다. 선생님들은 며칠 전부터 밤잠을 설치며 프로그램을 준비한다.

나는 주체사상이 투철한 아이들에게 영성훈련이 가능이나 할까 싶었다. 과연 신이라는 존재를 이 아이들이 어떻게 받아들일까도 궁금했다.

나는 제자훈련학교가 열리는 양평 청소년수련원으로 향했다. 유난히 눈이 많이 내리는 날이었다. 전철에서 내려 털털거리는 버스를 타고 산속으로 들어가는데 마치 순례여행을 떠나온 듯한 기분이 들었다. 수련원에 들어서니 아이들의 얼굴이 학교에서 볼 때와는 사뭇 달랐다. 세상 시름을 다 잊은 듯한 표정이라고 해야 할까? 나는 선생님들과 인사를 마치고는 아이들을 만나고 싶어 여기저기를 기웃거렸다.

처음 눈에 띈 친구는 주연이었다. 평소 주연은 공부를 잘 하는 아이로 유명했는데 이상하게 나를 보면 피했다. 내가 학교에서 아이들에게 자꾸 뭘 물어보는 게 싫었던 것 같다. 나는 조심스럽게 다가가 말을 걸었다. 예상 외로 주연은 나의 청에 순순히 따라 주었다. 알고 보니 주연은 내면에 큰 변화의 물결이 일고 있었다.

"저는 북에서 누구보다 주체사상이 강했슴네다. 비록 가난하긴 해도 수령님을 원망하거나 체제를 부정하는 마음은 추호도 없었슴네다. 그런데 엄마는 달랐던 것 같슴다. 이미 중국에 가서 돈을 벌고 있는 이모의 영향 때문인지 언제부턴가 엄마는 탈북을 계획하고 계셨던 것이죠.

어느 날 엄마가 남조선으로 가서 실컷 공부하면 어떠냐고 물었슴네다. 저는 단칼에 잘랐슴네다. 아버지가 비록 술을 좋아해서 병이 들긴 했지만, 어찌 우리만 살겠다고 남한행을 꿈꿉네까? 도저히 있을 수 없는 일이었슴네다."

나는 저토록 주체사상이 강한 아이가 어떻게 남한까지 오게 되었을까 점점 더 궁금해졌다.

"어느 날, 두만강 가에서 제 얼굴만이라도 보고 싶다는 이모의 말에 엄마를 따라나선 것이 남한행으로까지 연결이 되었습니다. 전 절대 탈북을 꿈꾸지 않았습니다. 굶어 죽어도 북에서 죽어야 한다는 생각이 컸습니다. 근데 아무리 절 낳아 준 엄마지만 당신 맘대로 제 인생을 쥐락펴락하는 것이 영 못 마땅했습다. 병든 아버지가 하루아침에 가족이 사라진 것을 알고 얼마나 충격이 컸겠습네까. 그 생각만 하면 지금도 오금이 저립네다. 그래서 전 여기 와서도 엄마를 몹시 원망했습네다."

하늘꿈학교에 들어와 늘 무거운 얼굴로 다니던 주연이가 비로소 이해가 되었다. 남한에 오고 싶어 온 것이 아니기에 갈등이 깊었던 것이다. 주연은 아버지 이야기를 들려주었다.

"엄마와 남한에 넘어온 지 얼마 안 되어 아버지가 충격으로 돌아가셨다는 말을 들었습네다. 그때는 정말 살고 싶지 않았습네다. 너무나 서럽고 죄송스러워 어찌할 줄 몰랐습네다. 그래서 그냥 선생님 품에 안겨 울었습네다. 선생님이 절 꼭 끌어안고 기도해 주는데 저도 모르게 가슴이 뜨거워지면서 마음에 평화가 오는 겁네다. 전혀 예상치 못한 일이디요."

선생님의 기도의 힘으로 주연이가 상처를 보듬어 가고 있음을 느낄 수 있었다. 잠시 생각에 잠겨 있는데 주연이가 강한 어조로 말을 하는 바람에 정신이 번쩍 들었다.

"저는 '신은 없다! 신이 있다면 내 인생을 이 모양 이 꼴로 만들었겠냐!'며 엄청 반항하던 아이였습니다. 그런데 선생님의 기도가 큰 위로가 되면서 왠지 보이지 않는 실체지만 믿어 보고 싶은 마음이 들었습니다. 그때부터 주체사상으로 똘똘 뭉쳐 살던 저 자신을 버린 셈입네다. 하지만 이 모든 게 제가 한 게 아니라, 절 여기까지 이끄신 분의 섭리라고 생각합네다. 저를 변화시킨 건, 바로 하나님이셨습네다."

주연은 매시간 강사들의 말이 모두 자신을 향해 건네는 꿀사탕 같다고 했다. '영성훈련'이란 말조차도 모르던 아이가 하나님께 자기 안의 모든 짐을 내려놓고 의지하게 되었다는 고백. 그 믿음의 고백이 온몸을 찌릿하게 했다.

"선생님, 저는 한의사가 되기 위해 준비하고 있습다. 열심히 공부해서 한의사가 되어 통일이 되면 북한에 올라가 돈 없어 아무런 치료도 받지 못하고 죽어 가는 사람들을 치료해 줄 겁다. 그게 아버지에 대한 저의 빚갚음일 겁다."

야무지게 말하는 주연이가 기특하게 느껴졌다. 사실 주연이를 만나기 전까지는 영성훈련이 당장 공부해야 하고 배고픔을 해결해야 할 아이들에게 얼마나 영향을 줄지 의문이었다. 하지만 내 염려와 달리 탈북 아이들은 이곳에서 실존적인 하나님을 만나고 있었다.

인간이 어찌 인간을 변하게 할 수 있을까? 절대자만이 한 사람의 영혼을 변화시킬 수 있음을 산속 영성훈련은 분명히 말하고 있었다.

'수령님'을 부르던 입술로 '하나님'을 부르게 되었다는 주연. 분명 가까운 미래에 주연이는 영과 혼이 건강한 한의사가 되어 후배들 앞에 당당히 설 것이다.

가족은 상처의 다른 이름

주연과 헤어져 눈길을 걸어 대강당으로 들어서니 마침 한 프로그램이 끝나고 쉬는 시간이었다. 아이들은 어디서든 나를 보면 엄마나 이모를 만난 듯이 반갑게 맞아 주었다. 나도 이런 아이들을 만난다는 행복에 하늘꿈학교 행사라면 어디든지 달려가는지도 모른다.

평소에도 많은 대화를 나누던 명주가 누구보다 반갑게 반겨 주었다. 명주는 간식을 내밀면서 이 눈길을 뚫고 어떻게 여기까지 왔냐며 어른스럽게 물었다. 나는 명주와 학교에서 못 다한 이야기를 오늘 풀어 놓고 싶었다.

"어때? 산속에 들어오니 딴 세상 같지?"

"네, 선생님! 전 여기 와서 '위로'라는 말이 뭔지, '용서'가 무엇인지 알게 되었어요."

명주는 책을 많이 읽는 아이다. 그래서인지 다방면에 관심도 많고 글도 잘 쓴다. 명주네 반은 명주의 반짝이는 눈빛과 적극적인 수업태도 덕에 늘 활기가 넘쳤다. 명랑하고 당차며 자기 할 말을 또박또박 잘하는 명주.

그런데 어느 날, 명주는 비 맞은 새처럼 초췌한 모습으로 다가와 입을 떼었다.

"선생님, 아무래도 학교를 잠시 쉬고 엄마를 북에서 데려오기 위해 돈을 벌어야 할 것 같아요."

곧이어 명주는 자기 이야기를 털어 놓기 시작했다. 명주의 어머니는 대학을 졸업하고 도 인민위원회에 다니며 성공한 여성으로 사람들의 존경과 부러움을 받았다. 하지만 명주가 세 살때 이혼을 한 엄마는 얼마 지나지 않아 재혼을 했다. 명주는 새아빠가 생긴 뒤 행복 끝, 불행 시작이었다고 한다.

"똑똑한 엄마가 능력도 없고 자기 앞가림도 못하는 새아빠랑 살면서 한순간에 사람들의 구설수에 오른 것이 너무 싫었어요. 그리고 새아빠가 데리고 온 남동생 때문에 아빠와 엄마가 매일 싸우고……. 술만 먹으면 새아빠가 엄마를 때렸어요. 폭언도 일삼았고요. 그런 새아빠를 죽이고 싶었어요."

결국 명주는 엄마와 살지 못하고 외할머니 집에 살게 되었다. 그러다 외할머니 집에도 머물러 있기가 여의치 않아 어쩔 수 없이 다시 엄마 집으로 갔는데, 새아빠는 명주를 얼음처럼 차가운 얼굴로 무섭게 대했단다. 명주는 짐짝처럼 엄마와 할머니 집을 오가며 살아야 했다.

하늘꿈학교 선생님들은 명주에게 학교를 쉬기보다는 공부하면서 다른 대책을 모색해 보자고 했다. 그리고 이번 영성훈련을 권하였다. 이렇게 하여 영성훈련에 참여하게 된 명주가 어떤 변화를 경험하고 있는지 궁금했다.

"이번 기회에 새아빠라든가 너를 괴롭게 하는 엄마를 용서하는 건 어때? 적극적으로 하나님께 매달려 보지?"

명주는 가만히 나를 바라보더니 조용히 대답했다.

"글쎄요. '용서'가 뭔지 모르겠어요. 다만 엄마가 무척 보고 싶어요. 그런 걸 보면 저는 이미 엄마를 용서했는지도 몰라요. 북에 살 때는 저를 불행하게 만든 엄마가 미웠는데 이곳에 와 살다 보니 엄마가 불쌍하게만 느껴져요. 솔직히 남한에서 혼자 사는 게 너무 외롭기도 하고요. 지금 엄마를 모셔올 준비를 하고 있어요. 브로커에게 줄 돈이 필요하거든요. 그래서 열심히 준비하고 있어요. 지원금 나오는 것 꼬박꼬박 통장에 저축하면서요. 여기서 저녁 모임 때마다 중보기도 제목으로 내놓기도 했고요."

다행히 명주가 학교를 그만두고 아르바이트라도 해야겠다는 생각은 접은 것 같았다. 나는 명주에게 이 말을 꼭 해주고 싶었다.

"명주야, 용서는 상대방을 위해서보다도 너 자신을 위해서라는 거 잘 알지? 이번 기회에 엄마를 진심으로 용서하기 바랄게."

나는 명주가 영성훈련을 통해 마음의 짐을 벗어던지기를 진심으로 바라며 명주의 두 손을 꼭 잡아 주었다. 내 간절한 진심이 전달되었는지 명주가 하얀 눈송이처럼 밝게 웃었다. 나도 명주의 웃음을 보자 저절로 미소가 지어졌다.

　하늘꿈학교에는 명주처럼 가장 가까운 가족이 준 상처 때문에 힘겨워하면서도 끝내 가족이기에 외면하지 못하는 아이들이 많다. 누군가를 향한 증오나 미움을 가슴속에 품고 사는 아이들. 이 아이들의 마음이 어찌 지옥이 아니겠는가. 특히나 그 대상이 가족이라면……. 산속에서 만난 명주의 환한 미소는 '용서한 자'만이 누릴 수 있는 평온이자 특권이었다.

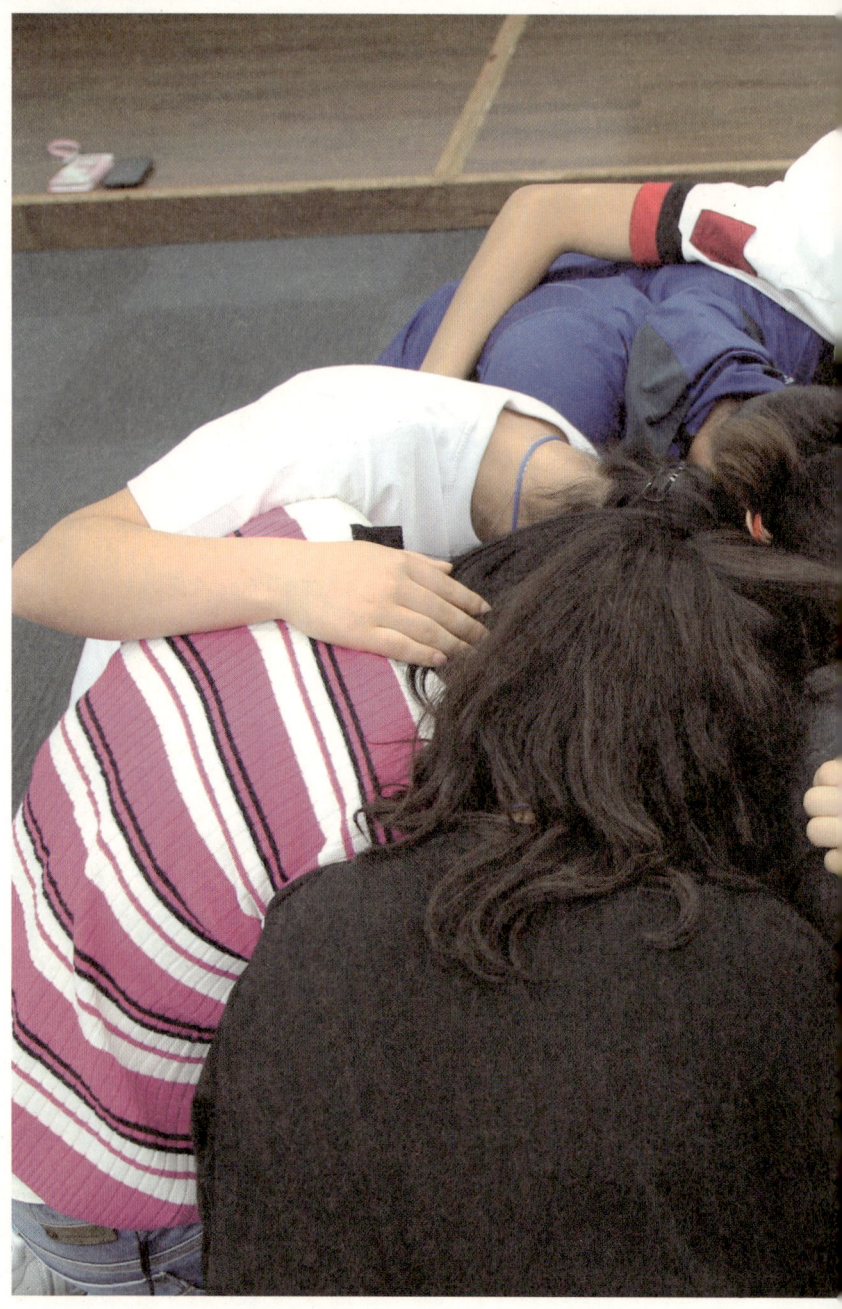

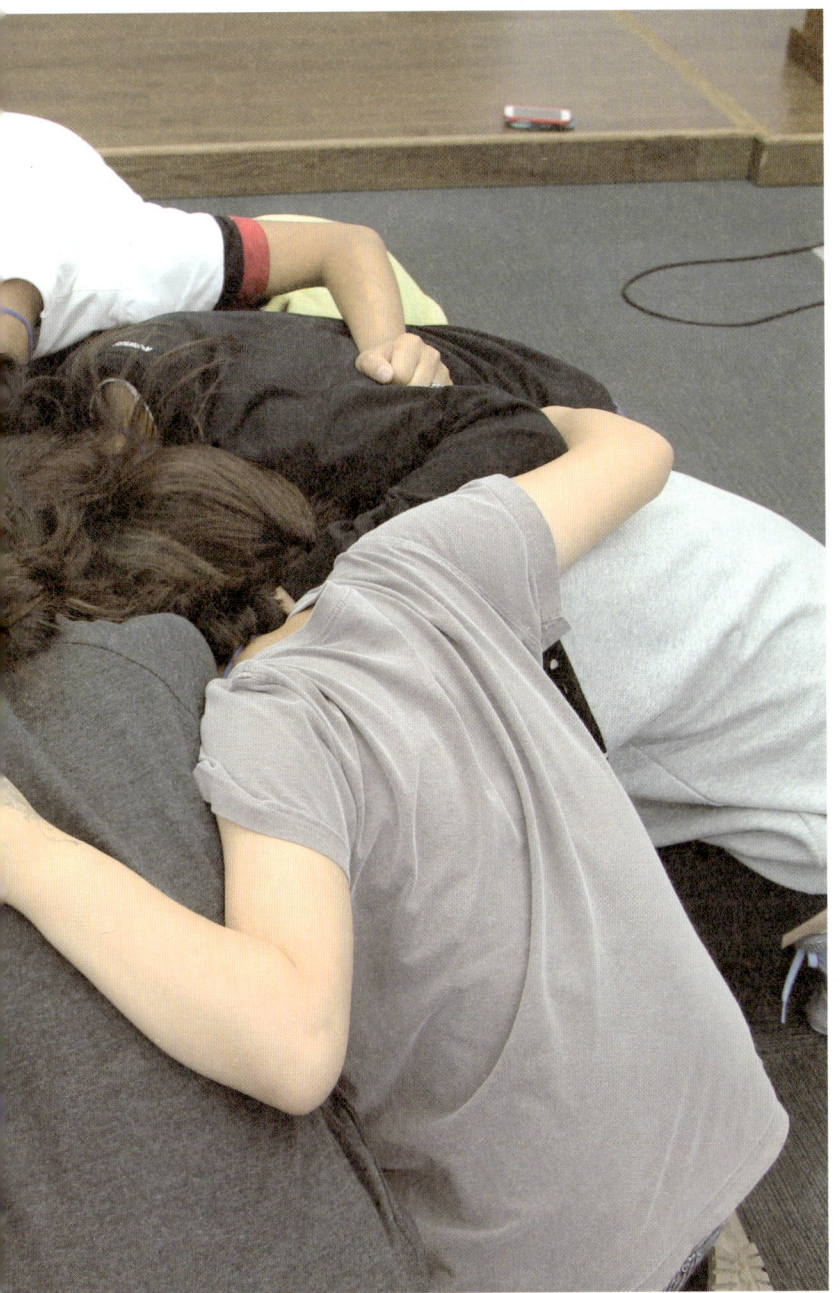

소통의 다리, 글쓰기 수업

나는 하늘꿈학교를 오가며 어떻게 하면 아이들과 더 원활하게 소통할 수 있을까 늘 고민했다. 아이들의 눈빛과 목소리를 더 생생하게 느끼고 싶었기 때문이다. 그래서 시작한 게 글쓰기 수업이었다. 글쓰기를 통한 내적 치유라고 하면 거창하지만, 글쓰기를 통해 아이들 내면의 응어리를 풀어내는 시간이 되길 바랐다.

처음에는 강당에서 전교생에게 글쓰기 특강을 했다. 그러나 왠지 집중이 안 되고 산만하게 느껴졌다. 진정한 소통을 위해 이건 아니다 싶었다. 그러던 중 특별활동 시간에 논술이나 글쓰기 수업을 해보면 어떻겠냐는 제의를 받았다. 그렇게 시작한 것이 '문예창작반'이다.

말이 문예창작반이지 한마디로 '비빔밥 교실'이었다. 학생들의 나이는 물론 학습능력도 천차만별이다 보니 수업 내용 또한 뒤죽

박죽이었다. 그때그때 상황에 따라 글쓰기를 할 수밖에 없었다.

한번은 '전국 편지쓰기 대회'가 있었다. 자신이 가장 하고픈 말이 많은 사람에게 편지글을 쓰라고 했다. 아이들은 대부분 북에 두고 온 가족에게 편지를 썼다. 당연히 눈물 없이는 볼 수 없는 절절한 내용들이었다. 그중 몇 편을 골라 대회에 응모했는데 혁이가 큰 상을 받게 되었다. 혁은 전국에 있는 남한 아이들과 경쟁을 해서 상을 받은 것에 큰 자신감을 얻은 듯했다.

입시철이면 대학에 접수할 '자기소개서' 쓰기에 집중했다. 자서전처럼 쓴 소개서를 읽다 보면 아이가 지나온 삶의 흔적이 보였다. 때로는 영화 한 편을 보고 이야기를 나누기도 했다. 어린 시절 큰 양푼에 밥과 온갖 나물을 넣고 고추장으로 비벼 둘러앉아 퍼먹을 때처럼, 대책 없이 뒤죽박죽인 수업이었지만 재미있었다.

글쓰기 수업을 하면서 나는 아이들에게서 북한 작가들과 책에 대해 많은 이야기를 듣게 되었다. 키가 작고 귀여운 숙이는 내가 쓴 책을 읽었다며 많은 질문을 던졌다.

"이 책 작가님이 쓴 것 맞습니까? 근데 왜 수경이를 죽인 겁니까? 소년원에 오는 아이들은 욱이처럼 정말 나쁜 애들입니까? 마음이 쓸쓸했습니다."

숙이의 쓸쓸하다는 말에 나도 모르게 웃음이 나왔다. 내 책을 읽고 저토록 진솔한 소감을 말해 준 독자가 있다는 것이 고마웠다. 내가 탈북 아이들에게 궁금한 게 많듯이, 아이들도 내게 궁금한 게 많은 것 같았다.

"북한에서는 작가가 특별대우를 받습니다. 장성급 대접을 받지요. 작가님도 그렇습니까?"

남한은 한 집 건너 시인이고 수필가며 소설가일 정도로 작가가 차고 넘쳐 특별대접을 받지 못한다고 했더니 모두들 웃었다.

나는 아이들에게 남한의 또래 아이들이 쓴 좋은 글을 읽게 했다. 그리고 그 글에 대한 의견을 나누었다. 그런데 아이들은 자신의 의견을 말하는 것에 익숙치 않아 했다. 철이라는 친구는 머리를 긁적였다.

"영 뭐가 뭔지 모르겠습니다. 글이라고는 일기도 제대로 써 보지 못한 제가 어찌 남한 아이들이 쓴 글을 평가하겠습니까? 남한 아이들이 쓴 글은 무조건 잘 쓴 것 같습니다."

철이의 이야기를 듣고 나는 탈북 아이들이 글쓰기를 두려워한다는 걸 알았다. 그때부터 나는 매시간 '가족 사진', '우리 동네', '하늘', '그림자', '길'과 같은 다섯 개의 글감을 주고는 쓰고 싶은 대로 맘껏 써보게 했다.

한 달쯤 지나자 아이들은 자신들의 사연을 글로 써나가기 시작했다. 맞춤법도 엉망이고 구성이며 문장 등도 어설펐지만, 아이들은 자기 이야기를 글로 풀어내는 것에 흥미를 느껴 가고 있었다. 나는 아이들이 쓴 글에 일일이 의견을 달아 주며 칭찬해 주었다.

"글쓰기를 하다 보면 내가 무엇을 할 때 가장 행복한지, 무엇을 가장 잘할 수 있는지, 바라는 것은 무엇인지에 대해 좀더 명확하게 알 수 있단다."

나는 아이들이 글쓰기를 통해 행복의 비밀을 찾아가길 원했다. 미홍이란 아이는 북에서 3층 아파트에 살았는데, 해마다 겨울이면 동네 우물에 가서 물을 길어 가파른 계단을 오르느라 힘들었던 이야기를 글로 풀어내었다. 미홍은 행복한 미소를 가득 머금고는 말했다.

"글로 쓰고 나니 제가 지금 수돗물 펑펑 나는 대한민국에 와 있다는 게 실감이 납니다."

'정'에 굶주린 아이들은 작은 칭찬 한마디에도 감동을 받았다. 나는 아이들의 눈빛만으로도 그 마음을 읽을 수 있었다. 우리는 글쓰기 수업을 교실 안에서만 하지 않았다. 공원에 가서 새로운 영감을 찾아보기도 하고, 도서관에 가서 다양한 책을 훑어보기도 했다.

하늘꿈학교는 정규수업에도 '독서 프로그램'이 있어 학생들에게 책 읽기를 적극 권장하고 있었다. 식상하게 들릴지 모르지만 나는 아이들에게 늘 강조하는 말이 있다.

"좋은 책은 그 집에 어떤 값비싼 가구를 들여놓은 것보다 귀하단다. 어떤 책을 읽었느냐에 따라 집주인의 의식이랄까, 지적인 수준이 나타나는 거야. 책은 미지의 길을 안내하는 나침반이란다. 책은 영혼의 쌀이라고 말한 사람도 있어. 그러니 너희도 시간 날 때마다 책과 친구가 되면 좋겠다. 책을 계속 읽다 보면 다음에 읽어야 할 책이 고구마줄기처럼 주렁주렁 연결되는 걸 알 수 있을 거야."

아이들이 책 읽기를 좋아하다 보면, 자연스레 자신이 가야 할 길을 찾게 되리라는 믿음으로 책읽기를 권했다. 아이들은 순진한 눈망울을 끔벅거리거나 고개를 주억거렸다. 그 모습을 볼 때마다 나는 가슴이 벅차올랐다.

어느 날, 내 말을 가만히 듣기만 하던 진영이가 도서관을 나오며 던진 말은 충격이었다.

"북한에서도 전 재밌는 책 많이 읽었습니다."

"그랬니? 난 솔직히 북한에는 읽을 만한 책이 없는 줄 알았어."

"여기보다는 적지만, 그래도 북한에도 책이 꽤 많습니다. 교과서에 실린 내용 중에도 재밌는 내용 많습니다. 근데 남한에서는 북한은 김일성이나 김정일의 찬양만 늘어놓는 줄 아는 사람이 많습니다."

진영의 말을 듣고 나 또한 북한에 대한 편견에서 벗어나지 못하고 있음을 깨달았다.

하루는 영화 한 편을 보고 글로 표현해 보기도 했다. 박정범 감독이 만든 〈무산일기〉라는 다큐멘터리 영화였다. 함경북도 무산에서 탈북한 청년이 남한 사회에 적응하며 살아가느라 애쓰는 내용의 영화였다. 탈북자의 남한살이를 그린 영화이기에 아이들이 할 말이 많을 것 같았다. 영화를 감상하고 난 뒤 아이들의 이야기는 끝날 줄을 몰랐다.

"〈크로싱〉이라는 영화보다 더 사실적이에요. 왠지 우울해요. 주인공이 죽잖아요."

"주인공이 무산 출신이라고 할 때 울컥했어요. 혹시 내가 아는 오빠일지도 모른다는 생각이 들기도 했고요."

"남한에 와서 무시당하고 직업도 구하기 힘든 주인공이 길 잃은 강아지를 키우는 장면이 감동적이에요. 아마 주인공은 강아지를 보며 자기를 닮았다고 생각했을 것 같아요."

"교회에서 탈북자들을 많이 도와주고 이해해 주는 것에 대해 사실적으로 표현한 것 같아요. 저도 선교사님 아니었으면 여기까지 오지 못했을 테니까요."

아이들의 목소리에 절절함이 묻어났다. 그 누구의 감상보다 생생해 가슴이 저릿저릿해 왔다. 나는 그 소감을 글로 적어 보라고 했다. 그중에서도 희숙의 글은 많은 것을 생각하게 했다.

> 무산에서 살다 탈북한 주인공 전승철이 이젠 이 세상 사람이 아니라는 게 너무 슬프다. 이 영화를 만든 박정범 감독은 자신에게 많은 이야기를 해준 친구를 위해 영화를 만들었다고 한다. 그는 의리 있는 사람 같다.
> 승철은 두만강을 넘어 중국에서 살다가 남한에 들어와 친구 집에 얹혀살게 된다. 탈북자 대부분의 현실이다. 이 장면을 보는데

마치 내 이야기를 보는 것 같아 울컥했다. 승철의 친구는 같은 탈북자들을 등치며 돈을 버는 브로커다. 승철은 그 친구가 못마땅하지만 거처할 곳이 없어 친구의 범죄 행위를 알면서도 묵인한다. 아마 '나'라도 그렇게 했을 것이다.

어느 날 승철은 힘겹게 일을 마치고 집으로 오는 길에 길가에 버려진 강아지를 만나게 된다. 추위에 떨며 자신을 바라보는 강아지의 눈길에서 승철은 자신의 처지를 본다. 승철이가 집으로 강아지를 데려오자 브로커 친구는 모질게 말한다.

"네가 오갈 데 없어 할 수 없이 살게 해주는 것도 모르고 강아지까지 키워! 당장 내다 버려, 그렇지 않음 너도 이 집에서 나가!"

하지만 승철은 친구와 전쟁을 치르면서도 강아지를 씻기고 먹이며 키운다. 유일하게 정을 나눌 대상이 강아지밖에 없었던 것이다. 나도 그랬다. 한때 길거리에서 인형만 보면 한참을 들여다보곤 했다. 인형이라도 곁에 두면 덜 외로울 것 같아서 말이다. 이 영화는 나를 몰래 들여다본 사람이 찍은 것만 같다.

만약 내 이야기를 영화로 만든다면 〈무산일기〉보다 더 짠한 영화가 될 것이다. 이 영화를 보고 나니 우울하기도 하고, 고향에 다녀온 것처럼 가슴이 따뜻해지기도 했다. 그러나 마지막에 주인공이 죽는 장면은 너무 슬펐다. 난, 죽지 않고 살아남을 것이다. 죽을힘을 다해 넘어온 이 땅에서 오뚝이처럼 넘어져도 다시 일어서는 삶을 살고 말 테다.

희숙의 글은 단지 희숙만의 생각을 담고 있는 것이 아니다. 희숙이 글에서 말한 것처럼, 하늘꿈학교에는 어떤 영화보다도 드라마틱한 사연을 가진 아이들이 많았다.

나는 글쓰기 수업이 끝나면 아이들의 글을 집으로 갖고 와 꼼꼼히 읽으며 첨삭을 했다. 아이들은 내가 빨간 글씨로 첨삭해 준 글을 보며 즐거워했다. 나는 아이들의 글에서 북한 사회에 대한 여러 정보를 엿볼 수 있었다. 북한 사회에 대해 막연하게 생각했던 것들이 아이들의 글을 읽으면서 선명하게 눈에 들어왔다.

처음에는 순전히 아이들을 좀더 깊이 알고 싶다는 욕심으로 시작된 글쓰기 수업이었다. 그러나 시간이 지나면서 '글'이라는 작은 도구로 아이들의 상처가 조금이나마 치유되길 바라는 마음이 커졌다. 사실 나는 아이들에게 아무것도 가르친 게 없다. 오히려 아이들에게 많은 것을 배웠다. 담백하게 자기 이야기를 풀어 놓은 아이들의 글을 읽을 때마다 나도 모르게 고백이 나오곤 했다.

'교만하고 세상 욕심으로 똘똘 뭉쳤던 나를 탈북 아이들 곁으로 인도하신 주님, 나로 하여금 탈북 아이들의 눈물을 진술하게 전하는 펜이 되게 하소서.'

눈물은 상처를 씻기는 특효약

　봄과 가을 나는 '하늘꿈 백일장'을 열었다. 소풍 가는 기분으로 공원에 올라가 글감을 다섯 개 정도 주고 맘껏 글을 쓰는 것이다.
　아이들의 글은 북에 살던 시절 아픔이 녹아 있는 진솔한 내용이 대부분이었다. 글의 진정성만큼 중요한 것은 없을 것이다. 그래서 나는 아이들의 글을 읽을 때마다 겸허해진다.

엄마의 회초리

오수려

'눈물' 하면 사람들은 많은 것을 떠올릴 것입니다. 저도 마찬가지입니다. 가족과 함께 행복했던 순간을 떠올리며 흐르는 기쁨의 눈물……. 가족과 생이별을 하며 흘려야만 했던 아픔의 눈물…….
그리고 가족이 그립지만 고향인 북한에 가고 싶어도 갈 수 없는
안타까움에 홀로 흘려야만 했던 눈물……. 이처럼 눈물은 많은
것을 말해 줍니다. 그중에서도 가장 기억에 남는 것은 엄마의 눈
물입니다. 늘 강하게만 보이던 엄마가 우는 모습을 제가 처음 본
것은 열세 살 때였습니다.

북한에서 살 때 우리 집은 과자를 팔았습니다. 엄마가 장사를 하
면서 한 끼 한 끼를 연명해 가던 시절이었지요. 어느 날 엄마가
지방의 친척 집에 가시며 저와 동생에게 과자 세 쪽씩을 나눠 줬
습니다. 그리고 과자 한 박스를 우리 손이 닿지 않는 이불장 꼭대
기에 올려놓고 가셨습니다.

동생과 나는 엄마가 준 과자를 먹다 보니 무척 맛이 있어 더 먹
고 싶은 마음에 이불장 꼭대기에 있는 과자 박스를 어렵게 꺼내
서 먹었습니다. 먹다 보니 절반을 넘게 먹었습니다. 반은 비어 버
린 과자 상자를 보니 엄마에게 혼날 생각에 걱정이 이만저만이
아니었습니다.

아니나 다를까 엄마가 오신 뒤, 과자 박스를 내리시는 것이었
습니다. 동생과 나는 조마조마한 맘으로 엄마의 동작 하나하나
를 숨죽이고 지켜보았지요. 급기야 엄마의 얼굴빛이 변했습니다.
"너희들이 과자 꺼내 먹었니?"
엄마는 모든 것을 다 알고 있다는 듯이 물었습니다. 우리는 약속

이라도 한 듯이 같은 목소리로 아니라고 대답했습니다. 엄마는 우리를 가만히 쳐다보시더니 급기야 파리채로 종아리를 때리며 다시 물었습니다. 동생과 나는 울면서도 끝까지 거짓말을 했습니다. 그러자 엄마는 우리를 때리던 파리채를 놓고 가만히 밖으로 나가셨습니다. 우리는 더 혼날 줄 알았는데 엄마가 갑자기 부엌으로 나가시기에 의아했지요. 엄마는 아무 말씀도 하지 않으시고 아궁이에 불을 지폈습니다. 그러다 말고 아궁이 앞에 쪼그리고 앉아 눈물을 흘리시는 것이었습니다. 처음에는 연기 때문에 눈이 매워서 우시는 줄 알았지요. 그때는 철이 없어 엄마의 눈물에 담긴 뼈저린 아픔을 몰랐던 거지요.

지금 생각해 보니 알 것 같아요. 자식들에게 맘대로 먹이지 못하고 입히지도 못하는 엄마의 아픈 마음에서 솟아나온 피눈물이었다는 것을 말이에요. 지금도 그때를 생각하면 가슴이 찢어져요. 남한에 내려와 이제는 얼마든지 과자를 먹을 수 있지만, 그때를 생각하며 엄마와 우리는 소리 없이 웃을 때가 있지요.

수려는 이름처럼 화사한 외모로 눈길을 끄는 아이다. 나는 예쁜 얼굴에 늘 생글생글 웃는 수려와 이야기를 나누면 절로 기분이 좋아지곤 했다. 수려는 언젠가 탈북 수기 공모전에서 상을 타기도 했다. 엄마와 같이 사는 지금이 너무 행복해 꿈이 아닐까 두렵다는 내용이었다. 수려는 살찔까봐 지금은 과자를 입에 대지도 않는다며 웃었다. 통일의 날, 엄마 몰래 과자를 훔쳐 먹던 고향집을 찾아가 옛 이야기를 나눌 날이 빨리 오면 좋겠다.

넌 알고 있니?

송희철

넌 알고 있니?
네가 얼마나 행복한 아인지
네가 밥상 앞에 앉아 반찬 투정할 때
이 세상 한곳에서는 굶주림에 못 이겨
흙을 먹고 아파하는 아이들이 얼마나 많은지.

넌 알고 있니?
네가 얼마나 행복한 아인지
네가 가방 메고 학교 갈 때
이 세상 어디에선가 학교 문 앞에도 못 가 보고
꿈속에서만 학교를 상상하는 아이들이 얼마나 많은지.

넌 알고 있니?
네가 얼마나 행복한 아인지

네가 푸른 잔디밭에서 새끼 양처럼 뛰노는 때
이 세상 어디에선가 쨍쨍 내리쬐는 햇볕 아래서
맨발로 불덩이처럼 따가운 사막 길을 걷고 있는
아이들이 얼마나 많은지.

이제는 모든 것에 감사하며 살자
너를 낳아 주시고 너를 위해 고생하시는 부모님
너의 선생님 너의 친구들
그리고 오늘에 감사하여 살자.

  탈북자 중에는 남자보다 여자가 훨씬 많다. 여자들이 생활비를 벌기 위해 중국에 자주 오가며 탈출할 기회를 많이 접하기 때문이다. 하늘꿈학교에도 남학생보다는 여학생이 훨씬 많다. 나는 여학생들과는 많은 이야기를 나누었지만 남학생과는 깊이 대화를 나눌 기회가 별로 없었다. 그러던 중 희철이 신입생으로 들어왔다. 그는 무뚝뚝하다 싶을 만큼 말이 없지만 매사에 성실했다. 나는 그런 희철이가 미더워, 볼 때마다 반갑게 대했다.

  자신이 쓰는 것이 시인지 잘 모르겠다며 수줍게 말하는 그의 글이 제법이라는 생각이 들었다. 이 시에는 희철의 평소 모습이 고스란히 담겨 있다. 학교에서 먹는 급식 앞에 늘 진심어린 모습으로 감사 기도를 드리고, 맨발로 따가운 사막을 걷고 있는 어려운 친구를 생각하며 기도할 줄 아는 친구다. 무엇보다 희철은 감사의 마음을 잊지 않으려 애썼다. 나는 희철의 이 시를 읽을 때마다 도전을 받는다.

'나는 지금 이대로 감사하며 살고 있는가?'

그림자

김광섭

한국에 온 지 며칠 되지 않은 어느 날, 나에게 깊은 외로움이 찾아왔다. 북한에 두고 온 가족과 송아지적 친구들의 모습이 아른거리며 그들을 언제나 만나볼 수 있을까 하는 생각에 쓸쓸함이 몰려왔다. 모든 게 귀찮기만 해 며칠을 집 안에서 컴퓨터만 만지고 있었더니 어머니가 산책이라도 하라고 하셨다. 어머니한테 떠밀리다시피 밖으로 나와 백화점으로 발길을 옮겼다. 내 눈길을 끄는 것은 노트북이었다. 북한에서는 한 번도 보지 못한 새로운 것이었다. 나도 모르게 판매원에게 가격을 물었다. 그 순간 판매원이 나를 보는 눈빛이 이상했다. 그리고 내가 염려했던 대로 종업원이 다짜고짜 물었다.

"혹시 북한에서 오셨어요?"

나는 순간 후회가 되었다. 살 것도 아니면서 괜히 물어보았다고. 나는 아무 말 없이 매장 밖으로 나와 버렸다. 남한 사람들이 탈북자를 나라를 배신한 '배반자', '무서운 인간들'이라고 보는 것 같았다. 나는 온갖 열등감으로 가득 차 있었다. 그래서 탈북 사실을 숨기려고 한국 사람들과 말조차 하지 않았다.

내 외로움은 깊어만 갔다. 그때 나를 위로해 주는 건, 바로 한 순간도 내 곁을 떠나지 않는 '그림자'였다. 평소에는 아무런 생각 없이 바라보던 '그림자'가 이토록 나를 위로해 주다니! 놀라운 일이었다. 나는 그때부터 조금씩 마음의 안정을 찾아갔다. '그림자'야말로 내게 정말 좋은 친구다.

'그림자'라는 글제를 주면서 조금 망설였다. 너무 추상적이라 아이들이 막막해 하면 어쩌나 싶었다. 하지만 그건 기우였다. 학생들은 어떤 글제든 자신들의 경험과 아픔, 소망을 풀어낼 줄 알았다.

광섭의 글 중에 '송아지적 친구의 모습이 아른거린다'는 말이 가슴에 와 닿았다. 질박한 북한식 표현이 뚝배기 맛이다. 그림자를 자신의 외로움을 덜어주는 친구로 표현한 것 또한 얼마나 은유적인지. 나는 평소 자기 속내를 드러내지 않던 희철이 구구절절 써 놓은 것을 보며 놀랐다. 탈북 아이들 가슴 속에는 저마다 깊은 우물이 하나씩 숨어 있는 것 같다.

지금도 내 글 창고에는 하늘꿈학교 아이들이 쓴 글이 차고 넘친다. 대학에 낼 자기소개서를 지도했던 글도 있고, 북에 있는 가족에게 보내는 부칠 수 없는 편지글도 있다. 대부분 눈물이 담긴 글이다. 그리움이 절절해서 도저히 다시 읽을 수 없을 만큼 아픈 사연들이다. 연서도 있다. 외로움을 이기는 가장 큰 버팀목인 이성을 향한 편지는 너무나도 뜨거웠다.

하늘꿈학교 아이들은 나를 믿고 자신의 솔직한 내면을 보여 주었다. 나는 아이들이 자기 이야기를 글로 풀어내며 치유되기를 간절히 바랐다. 내가 한 일이라고는 그들이 글쓰기의 기쁨을 누릴 수 있는 방법을 조금 가르쳐 준 것뿐이다. 그런데 아이들은 글을 쓰며 행복해했다. 때로는 옛 생각에 젖어 눈물을 글썽거리면서도 후련함과 즐거움을 느끼는 것 같았다. 역시 눈물은 상처를 씻기는 특효약이다.

자살을 꿈꾸던 아이의 날갯짓

때로 내게 전화를 걸어 대학교에서 있었던 이야기나 집안 이야기를 풀어 놓던 혁이가 한동안 소식이 없었다. 나는 별일은 없는지, 중간고사는 어떻게 보았는지 궁금해 문자를 보냈다. 그러나 학교 수업 중인지 답신이 없었다. 오후 서너 시쯤 되었을까, 혁에게서 사는 게 너무 힘들다는 문자가 왔다. 나는 그에게 무슨 일이 있음을 직감했다. 그래서 조심스럽게 전화를 걸었다.

"혁이니? 너 무슨 일 있지?"

내 목소리를 듣고도 한동안 말이 없던 혁이는 어렵게 말문을 열었다.

"며칠 전에 동생이 자살을 시도했어요. 다행히…… 목숨은 건졌고요."

혁의 동생 역시 하늘꿈학교 졸업생이었고 혁과 함께 올해 대학에 들어간 새내기였다. 그러나 성적이 우수하고 적극적인 혁과 달리 동생은 내성적이고 공부에 별 흥미가 없어 보였다. 그런데도 몇 년을 공부를 해 검정고시를 통과했고 대학까지 입학해 주위의 박수를 받았다. 그런 사정을 아는 터라 난 가만히 있을 수 없었다.

"동생이 힘들었을 거예요. 우리 가정이 안정되지 않아 더 불안했던 것 같아요."

혁과 동생은 아버지와 살고 있었다. 북에 있을 때 어머니가 가출해 혼자가 된 아버지는 늘 외로워하셨단다. 그래서인지 남한에 내려와서도 아버지는 여자를 찾아 헤맸다. 그런데 어찌된 일인지 여자들은 아빠와 몇 달, 혹은 몇 년을 살다 홀연히 종적을 감춰 버렸다. 그럴 때마다 힘들어하시는 아빠의 모습을 지켜보던 형제는 피가 말랐다. 그 여파가 고스란히 혁과 동생에게 미친 것이다.

혁의 동생 욱은 경제적인 어려움과 함께 안정적이지 못한 집안 상황 때문에 심한 스트레스를 받았다. 별 준비 없이 들어가게 된 대학 생활도 버거웠다. 욱은 수업 내용을 전혀 알아들을 수 없었다고 한다. 그렇다고 형처럼 모르는 것을 알 때까지 파고들지도 않았다. 사면이 벽으로 둘러싸인 것 같은 압박감에 시달리던 욱은 급기야 자기 몸에 칼을 대고 만 것이다.

욱의 행동은 정당화될 수 없지만 그 심정을 이해할 수 있었다. 탈북자들이 느끼는 외로움과 경제적인 압박감, 정체성 문제는 생각 이상으로 큰 고통이라는 것을 탈북 아이들을 통해 많이 보았기 때문이다. 예민한 청소년기를 거치고 있는 아이들의 바람막이가 되어 주어야 할 아버지. 그 버팀목이 흔들리자 욱은 마음 붙일 곳이 없었던 것이다.

 욱은 휴학계를 냈다. 그러고는 하늘꿈학교에 해쓱해진 얼굴로 찾아왔다. 선생님들은 어느 때보다 더욱 그를 따뜻하게 맞아 주었다.

 "선생님, 학교를 잠시 쉬려고요. 쉬면서 제가 잘할 수 있는 것이 무엇인지 생각해 봐야겠어요. 남들 다 대학에 간다고 저도 덤벙 뛰어들었던 것 같아요. 더군다나 그토록 힘든 대학에 들어갔지만 저와는 맞지 않았고요. 절망밖에 남은 게 없었어요. 언젠가부터 귓가에서 '힘든데 차라리 죽어 버려. 죽으면 모든 게 끝이잖아'란 소리가 끊임없이 들려왔어요. 그 바람에 그만…… 바보짓을 했어요."

 사는 게 너무 힘들어 고통 끝에 자살을 시도했던 욱. 그는 말끝을 흐렸다. 얼마나 아프고 절망스러웠으면 스스로 목숨을 끊으려 했을까. 어찌 보면 이런 사태는 어느 정도 예상된 건지도 모른다. 알파벳도 모르던 아이가 간신히 검정고시를 통과해 특례입학으로 들어간 대학교. 더군다나 논리적이고 수학적인 사고를 요하는 학과에 적응하기란 불가능 그 자체였을 것이다.

 "힘들었지, 욱아? 하지만 대학만이 전부는 아니야. 다른 길도 있으니 쉬면서 차차 알아보자. 학교에서도 방법을 찾아보고 있으니까

지금부터가 중요해. 또 언제 네게 자살의 유혹이 다가올지도 몰라. 그러지 않으려면 너 자신을 단단히 추슬러야 해. 그것에 맞설 수 있는 힘은 하늘로부터 오는 거 알지?"

고개를 숙인 채 욱은 닭똥 같은 눈물을 흘렸다. 그 모습을 지켜보던 나도 눈물을 흘리지 않을 수 없었다. 선생님들은 아버지와의 갈등이 있는 집에만 있지 말고, 학교에 나와 책도 읽고 운동을 하라고 권했다.

그러던 중 하늘꿈학교의 영어통일캠프가 시작되었다. 욱은 캠프에 나와 몸으로 하는 일에 앞장섰다. 그리고 밤마다 진행되는 특별예배에 열심히 참여하면서 마음을 다잡아 갔다. 캠프에 함께하면서 욱의 얼굴에 드리운 검은 그림자가 서서히 사라지는 것을 목격할 수 있었다.

"어, 욱이 평안한가 보네? 얼굴이 밝아 보여. 참 보기 좋다."

"네, 좋아요, 선생님! 후배들과 남한 아이들을 도와주는 것도 재미있고요."

욱이는 밝고 환한 목소리로 말했다. 자기 몸에 칼을 댔던 아이가 맞나 싶었다. 욱을 넌지시 바라보던 교장 선생님이 내게 속삭였다.

"하늘꿈학교 커피숍을 만들까 해요. 욱이에게 바리스타 과정을 배우라고 할 작정이에요. 공부가 적성이 아닌 아이들에게는 다른 길을 열어 줘야지요. 마침 커피숍을 세우는 일을 도와주실 만한 목사님도 연결되었고요. 조만간 성사될 것 같아요."

나는 욱의 얼굴이 천사처럼 달라진 것이 고맙고 또 고마웠다. 시도 때도 없이 찾아드는 외로움과 절망을 이기지 못해 극한 방법을 선택할 수밖에 없는 탈북 아이가 어디 욱이뿐일까. 녹록지 않은 남한살이에 누구나 한 번쯤은 죽고 싶다는 생각을 했을 것이다.

자유와 평화를 찾아 이 땅에 온 아이들이 죽음을 생각하기보다 살아갈 용기를 키워 가길 간절히 소망한다. 죽을 것 같은 절망의 산을 넘기만 하면 반드시 희망이란 빛이 기다리고 있음을 잊지 말기를…….

외박을 일삼는 아이

어쩌면 혜린은 오늘 밤도 피시방 모니터 앞에 앉아 있을지 모른다. 혜린은 네 살 때 북한에서 중국으로 넘어갔는데, 혜린의 부모는 모두 총살당했다고 한다. 천애고아가 되어 버린 혜린은 중국 고아원에 버려지고 말았다. 그곳에서 자라면서 어린 시절부터 성폭행을 당했다는 혜린.

열다섯 살 때 혜린은 선교사에 의해 극적으로 남한에 오게 되었다. 그리고 하늘꿈학교에 들어왔다. 오랫동안 중국에서 살았던 아이답게 혜린은 중국어가 능숙했다. 머리도 뛰어나 학습능력도 뛰어났다. 하지만 학교에 온 지 열흘이 넘도록 혼자 구석에 쭈그리고 앉아 흐느껴 울기만 했단다. 처음부터 심상치 않은 아이라서 선생님들은 혜린을 주의 깊게 살펴봤다.

혜린은 낮에는 초롱초롱한 눈빛으로 열심히 공부하는 듯했다.

하지만 밤이 되면 돌변했다. 채팅으로 만난 남자들과 외박을 일삼 았던 것이다. 처음에는 아무도 눈치채지 못했다. 그러다 뭔가 이상 해 선생님들이 캐묻자 혜린은 모든 것을 털어놓았다. 혜린의 입에 서 나온 이야기는 상상도 못할 만큼 놀라운 일들이었다.

"중국 고아원에 있을 때 남자들에게 수없이 성폭행을 당했어요. 첨에는 그게 뭔지 몰랐어요. 말하면 쫓겨날 것 같아 무서워서 말도 못하고 참았지요. 남한에 올 때까지 끊임없이 성폭행을 당했어요. 어느 날 우연히 고아원에서 양엄마, 양아빠의 섹스 장면을 보게 되 었어요. 그런데 이후 그 장면이 자꾸만 머릿속에 떠올랐어요. 그 장 면을 떠올릴 때면 제 몸이 이상해져요."

이미 혜린은 몸과 마음이 병든 상태였다. 외박을 하고 와서는 아무렇지도 않게 기숙사 친구들에게 그날 만난 남자에 대해 털 어 놓는다는 것이다. 혜린은 스스럼없이 아이들에게 말을 흘리기 도 했다.

"난, 이미 열다섯 이전에 모든 걸 경험해 봤어."

다른 아이들에게 미칠 영향을 우려해 담임 선생님이 혜린을 말 리기도 하고 야단을 치기도 했다. 혜린은 선생님에게 이렇게 말했 다고 한다.

"중국 고아원에서 남자들이 제게 그짓을 할 때는 정말 지겨웠 는데……. 마음은 절대 그런 생각조차도 해서는 안 된다고 하는 데…… 제 몸이 이상해요. 남자들만 만나면 제 속에서 욕망이 꿈틀

대서 주체할 수가 없어요. 그래서 남자들을 따라가게 돼요. 그런데 남자들은 저와 잠만 자고 나면 저를 버려요. 제가 북한에서 왔다고 하면 모두 도망가지요. 저를 벌레 보듯 무서워하면서 슬슬 피해요."

열다섯 살밖에 안 된 혜린은 점점 더 깊은 늪으로 빠져 들어갔다. 몸이 원하는 대로 남자를 찾았지만 혜린에게 남은 건 공허뿐이었다. 버림받고 무시당하고 조롱당하는 일의 연속. 자존감이 무너지고 몸도 약해진 혜린은 선생님들에게 도움을 청했다. 하늘꿈학교 선생님들은 집중적으로 혜린을 보호하기 위해 애썼다. 혜린 역시 상담과 병원 치료를 받으면서 변화를 시도했지만 아무 소용이 없었다. 스스로 도움을 청해 왔음에도 담임 선생님의 눈을 피해 밤만 되면 무슨 수를 써서든 외박을 일삼았다. 혜린은 학교도 밥 먹듯 빠졌다. 혜린은 선생님들에게 근심거리가 되어 가고 있었다.

그러던 어느 날, 교실로 향하다 우연히 혜린의 모습을 보게 되었다. 혜린은 축축한 내면을 햇살에 말리기라도 하듯 턱을 괴고 하늘 바라기를 하고 있었다. 가무잡잡한 피부에 가녀린 몸매. 겉으로 보기에는 청순한 여학생일 뿐이었다. 이런 아이가 밤마다 남자를 찾아 다닌다는 게 도저히 믿기지 않았다. 나는 혜린의 손을 잡고 간곡히 말하고 싶었다.

'혜린아. 너는 너일 뿐이야, 그 누구도 아닌. 네가 너 스스로를 소중하게 여기지 않으면 누구도 널 귀하게 여기지 않는단다. 열심히 상담을 받아서 너를 힘들게 하는 어둠을 박차고 나오기 바란다."

그러나 나는 끝내 말문이 떨어지지 않았다.

허공을 멍하니 바라보며 앉아 있는 혜린. 난 그런 혜린을 바라보며 어서 빨리 욕망의 늪에서 벗어나기길, 봄날의 푸른 잎처럼 푸릇푸릇 새 잎이 돋기를 바랐다. 가슴 한 편이 쓰리고 아팠다. 쓰라린 분단의 역사가 만들어 낸 이 시대의 아픔을 혜린이 대신 앓고 있는 것 같아 더욱 아팠다.

얼마 후 혜린은 하늘꿈학교를 영영 떠나갔다. 모든 선생님이 안타까워했지만 별 도리가 없었다. 나는 지금도 헨리 나우웬의 말을 되새기며 혜린을 위해 기도한다.

"시간처럼 정직하고 큰 힘을 가진 것은 없다. 시간이 모든 것을 잊게 하고 익어가게 한다."

어린 나이에 몹쓸 일을 당해 몸과 마음이 병들어 버린 혜린. 시간이라는 치유책이 혜린의 상처와 병을 낫게 해주길, 그래서 혜린이 과거를 잊고 새롭게 시작하기를 간절히 소망한다.

② Anger
① Pain hurt

04

하늘을
향해

꿈을
쏘아
올리다

하늘꿈학교 반항아의 고백

하늘꿈학교는 수시로 학생을 뽑는다. 하나원에서 나오는 아이들을 위해 언제든 문을 열어 놓은 셈이다. 하지만 졸업식은 일반 학교와 마찬가지로 1년에 단 한 번뿐이다.

나는 정든 아이들과 헤어질 생각에 섭섭한 마음으로 졸업식장을 찾았다. 졸업식은 학교 강당이 아니라 도심의 한 교회에서 열렸다. 스무 명의 졸업생들이 어느 때보다 진지한 얼굴로 식장에 들어섰다. 졸업생들의 얼굴에는 긴장감이 가득했다. 왜 아닐까? 힘든 고비를 넘어 남한에 와 공부를 하고 검정고시를 통과해 졸업식까지 하게 되었으니 당연히 감회가 깊을 것이다.

축하해 주러 오는 사람들은 그리 많지 않았다. 꽃다발을 들고 온 축하객도 눈에 띄지 않았다. 언뜻 초라해 보일 수도 있는 졸업식이었다. 그러나 보이는 것만이 전부는 아니었다. 기도로 시작된 졸업식은 매순간 감동의 물결을 이루었다. 제자들을 떠나보내는 선생님들의 아낌없는 축복과 후배들이 보내는 응원으로 식장은 열기가 더해갔다. 끈끈한 사랑이 차고 넘쳐나는 자리였다.

가장 인상 깊은 장면은 졸업생과 선생님이 서로가 쓴 글을 낭독하는 시간이었다.

저는 하늘꿈학교 반항아였습니다. 처음으로 하늘꿈학교에 들어왔을 때 제대로 갖춰지지 않은 학교 건물을 보고는 무척 실망했습니다. 이런 건물이 학교가 맞나 싶었고 너무 창피했습니다. 북에서 넘어온 아이들끼리 모여 공부한다는 것도 마음에 안 들었고, 종교 행위를 강요하는 것 같아서도 싫었습니다. 그리고 이미 돌처럼 굳어 버린 머리 때문에 수업 진도를 따라 잡기도 힘들었습니다. 무엇보다 저는 친구가 없었습니다. 그 외로움을 숨기려고 먹이를 찾아 나선 하이에나처럼 아무나 붙들고 시비를 걸었습니다. 그런데도 선생님들은 저를 내치지 않으셨습니다. 무한히 참고 또 참아 주셨습니다.

물론 심하게 야단을 치신 선생님도 계십니다. 어느 날, 한 선생님이 저를 심하게 나무라셨습니다. 저는 가만히 선생님의 잔소리가 끝나기만을 바랐습니다. 그런 저를 선생님은 안타까운 시선으로 바라보시더니 그냥 가라고 손짓을 하셨고 저는 일부러 소리 나게 문을 쾅 닫고 나왔습니다. 그런데 뭔가 빼놓은 게 있어 다시 교무실에 갔다가 그만 놀라고 말았습니다. 제게 충고를 하시던 선생님이 홀로 앉아 눈물을 흘리고 계신 것을 봤기 때문입니다. 저도 모르게 가슴이 뜨거워졌습니다. 도대체 내가 뭐라고? 세상에 태어나서 저를 위해 눈물을 흘려 주신 분은 그 선생님이 처음이었습니다.

그때부터 저는 조금씩 공부해 나가기 시작했습니다. 음식 만드는 걸 좋아해서 조리학과에 지원해 합격했습니다. 제가 대학에 합격할 수 있었던 건 순전히 하늘꿈학교 선생님들의 인내와 사랑 덕분입니다. 그리고 이제야 선생님들을 만나게 해주신 하나님의 사랑을 깨닫습니다. 고맙습니다, 선생님!

후배들은 저처럼 방황하지 마시기 바랍니다. 부탁입니다, 후배 여러분! 시간은 무한한 것 같지만 그렇지 않습니다.

졸업생 대표 표상호

상호의 마음을 움직이게 한 그 선생님은 연신 손수건으로 눈가를 훔치고 있었다. 그 모습을 보자 나도 모르게 콧등이 찡해졌다. 상호가 답사를 마치자 졸업생 스무 명 모두 선생님들께 큰절을 올렸다. 엎드린 아이들은 오랫동안 고개를 들지 못했다. 어디선가 흐느끼는 소리가 들렸다. 누구라 할 것 없이 여기저기서 눈물을 흘렸다. 절을 받는 선생님들도 연신 눈물을 훔쳤다. 졸업생 한 명 한 명이 모두 얼마나 많은 사연을 안고 여기까지 왔던가. 그들이 졸업을 하다니……. 선생님들 모두 감회에 젖어 있었다.

곧이어 아이들을 보내는 선생님의 마음을 표현할 시간이 되었다. 한 선생님이 준비한 원고를 들고 강단에 섰다. 차분하면서도 사랑이 넘치는 목소리로 고별사를 읽어 나갔다.

하늘꿈을 떠나는 친구들에게

너희들은 멀리 보내는 것도 아니고 영영 헤어지는 것도 아닌데 왜 이렇게 눈물이 앞을 가리는지 모르겠다. 그간 너희들과 함께 한 일들이 많았지만 가장 기억에 남는 일은 아무래도 남한의 한 초등학교에 북한을 알리러 갔던 날의 일이다. 너희들은 초등학교 5학년 아이들에게 북한에 대해 알려 주고 장차 올 통일을 대비해야 한다는 사명감으로 참 많은 걸 준비했지. 북한의 정치, 경제, 문화, 사회 등 각자 맡은 파트를 쉽게 설명하기 위해 연구하고 고민했고 발표 연습까지 했지. 하지만 설레는 가슴을 안고 교실에 들어섰을 때 우리는 많이 당황했지. 어린 꼬마 녀석들이 돌팔매 던지듯 야유를 했기 때문이야.

"배신자들이 왔다!"

"너희 나라로 돌아가라!"

"나라 버리고 도망치니 좋니?"

야유하는 초등학생들의 모습을 보며 이 엄마의 마음은 찢어지듯 아팠단다. 나는 너무 당황스러워 그 아이들의 입을 양손으로 틀어막고 싶었어. 그리고 실제로 눈물로 호소하기도 했지. 너희들을 그 자리에 데려온 걸 후회했지만 이미 늦었고 사태를 수습하는 게 우선이었어. 그 상황이 바로 너희들이 일반 학교에서 받았을 차별이구나 싶더구나. 그런데 놀랍게도 너희들은 덤덤했고 그 어린아이들 앞에서 고개를 숙이고 있었어. 나는 그런 너희 모습에 화가 나고 울컥해서 견딜 수가 없었어. 어느 순간에나 당당하라고 수없이 이야기해 왔는데 그런 상황을 접하고 나니 그간 너희가 당한 모든 것이 이해가 되더구나.

다행히 너희들은 발표를 잘 마쳤지. 수업이 끝나자 그 어린아이들이 먼저 미안하다며 사과하는 걸 보고 마음이 놓였어. 학교를 나서며 등나무 의자에 앉아 우린 맘껏 울었지. 그래도 선생님은 다행이라고 생각했어. 너희에겐 함께 울어 줄 친구들이 있고 너희 마음을 알아 주는 하늘꿈학교가 있으니까.

드디어 너희들이 졸업을 하는구나. 대학에 진학한 친구도 있고 취업을 한 친구도 있지. 어디에 있든 나는 너희를 늘 지켜볼 거야. 떠나는 너희가 꼭 기억해야 하는 것은 너희는 혼자가 아니라는 사실이야. 너희를 돕는 자가 없다고 포기하기 전에 선생님한테 먼저 상의하고 언제든 노크해 주기 바란다.

우리가 약속한 대로 통일이 되어 북한에 가 너희가 살던 동네도 돌아보고 그렇게 맛있다는 인조고기에 밥을 먹고 후식으로 백살구를 먹을 날을 기대하며 기다리자꾸나. 지금까지 그랬던 것처럼 선생님은 항상 너희를 사랑한다. 그리고 어느 누구를 만나든지 너희를 자랑할거야. 새로운 내일을 향해 이제 하늘꿈이라는 울타리를 떠나는 너희들 그 누구보다 축복한다.

너희들의 영원한 엄마이길 바라는 윤신정 선생님이

    윤신정 선생님의 편지 낭독이 끝나자 졸업식장이 다시 눈물바다가 되었다. 졸업생들도 재학생들도 교장 선생님을 비롯한 모든 선생님들도 소리 죽여 눈물을 흘렸다. 한마디로 '눈물의 도가니'였다. 졸업생 대표 상호가 말했듯이, 하나님은 탈북 아이들을 하늘꿈학교로 인도하셨다. 그리고 하나님의 마음으로 기꺼이 '엄마', '아빠', '멘토'가 되어 주신 선생님들로 인해 따뜻한 사랑을 경험했으며 마음에 하나님을 받아들일 수 있었다. 하늘꿈학교는 시베리아 벌판보다도 시리고 아픈 가슴을 안고 온 아이들의 진정한 쉼터이자 울타리였고 든든한 집이었다.

가슴이 저릿해질 만큼의 감동을 안고 밖으로 나오자 교회 마당에는 하얀 눈이 소복이 쌓여 있었다. 온 세상이 하얗게 변해 있었다. 그곳에 참석한 졸업생과 재학생, 선생님과 학부모 모두에게 지금까지의 어둠을 씻고 하얀 도화지에 새 삶을 그리라는 메시지 같았다.

졸업생이 남긴 이야기 주머니

정든 졸업생들이 떠난 자리를 보면 왠지 아련하다. 그리움이 물밀 듯 밀려오는 순간이기도 하다. 학교생활은 잘하고 있는지, 대학에 가면 멋진 연인을 만나고 싶다던 소원은 이루었는지 등등 모든 게 궁금해진다. 그럴 때마다 나는 비밀 창고에 간직해 놓은 졸업생들의 작품을 꺼내어 읽곤 한다.

내 인생의 종합선물 세트, 하늘꿈학교

전세희(동국대 경찰행정학과)

하늘꿈학교에서 저는 참 많은 선물을 받았어요. 그중에서도 가장 소중한 선물은 진정으로 하나님을 알게 된 거예요. 또한 많은 선생님들의 노력과 열정 덕분에 너무도 부족한 제가 대학까지 진학한 것입니다. 남한 사회에 대해 아무것도 모르고 한국 문화도 전혀 몰랐던 제가 하늘꿈학교에 있으면서 많은 걸 알게 되었습니다. 학교에서 국어, 영어, 수학 등 여러 과목을 배웠지만 그보다 중요한 건 하나님 안에서 어떻게 살아야 바른 삶인지 깨달았다는 것입니다. 그리고 기숙사에서 살면서 더불어 살아가는 법을 배웠고 다른 사람과 소통하는 게 얼마나 중요한지도 알게 되어 더욱 감사합니다.

앞으로 저는 성공적인 대학 생활을 하고 싶습니다. 그리고 이후엔 대학원에도 가고 싶습니다. 제 확실한 목표는 항상 봉사하는 정신과 베푸는 마음으로 사회에 헌신하는 사람이 되겠다는 것입니다.

경찰학과에 간 세희는 가끔 텔레비전에서 얼굴을 볼 수 있다. 탈북 여성들이 나와서 남과 북의 생활을 이야기하는 방송 프로그램에 게스트로 나오기 때문이다. 그 프로그램을 통해 세희가 북한에서 제법 잘 살다 온 아이라는 것도 새삼 알게 되었다. 어느 날 내 페이스북에 세희가 들어와 인사말을 남겼다. 텔레비전에도 나가고 대학 생활이 신선하고 재밌긴 하지만 여전히 공부가 벅차다는 메모와 함께. 하늘꿈 졸업생들이 대학에 들어가 겪는 회오리바람을 세희도 세게 맞고 있는 것 같아 안쓰러웠다.

대학로에 한번 놀러오라고 했다. 조만간 세희가 좋아한다는 칼국수를 먹으며 이야기 주머니를 풀 날을 기다린다.

당당한 모습으로 나아가기

이경선(한국외대 언론정보학과)

추운 12월의 겨울날 하늘꿈학교에 들어섰습니다. 교실은 어지럽고 책상에는 책들이 무질서하게 놓여 있었습니다. '학교'라고 하면 큰 건물에 넓은 운동장을 떠올리던 제게 하늘꿈학교는 학교라는 느낌이 들지 않았습니다. 너무나 실망스러웠지요.

그렇게 1월부터 학교생활을 시작했고 저는 수업을 듣기도 전에 하늘꿈학교에서 진행하는 겨울방학 제자훈련학교(DTS)에 참가하게 되었습니다. 미국에서 우리를 위해 오신 선교사님들과 열심히 뛰어다니시던 하늘꿈학교 선생님들, 그리고 수많은 학생들. 모두 한목소리로 북한을 위해 기도했습니다. 저에게는 낯설고도 신기한 모습이었습니다.

겨울방학 후 본격적인 학기가 시작되었습니다. 무거운 수업 분위기가 아니라 따뜻함이 묻어나는 교실 분위기가 참 좋았습니다. 선생님들은 우리의 작은 말과 행동 하나하나에도 관심을 기웃여 주셨습니다. 공부만 가르치시는 것이 아니라 우리와 모든 것을 함께하고자 하시는 것 같았습니다. 생각도, 행동도, 걱정도……. 선생님들이 북한 사투리를 쓸 때마다 마음이 따뜻해지고 웃음이 나왔습니다.

시간은 빨리 흘러 한 해 동안의 하늘꿈학교 생활이 끝나고 대학에 입학하게 되었습니다. 새로운 생활에 대한 긴장과 기대와 두려움도 느끼고 있지만, 힘들 때나 기쁠 때나 하늘꿈학교를 떠올리고 더 잦은 발걸음을 할 것입니다. 어디서 무엇을 하든 최선을 다하고 당당하게 나아가겠습니다.

경선은 북에서 영재학교에 다니다 온 학생답게 눈빛부터 달랐다. 단 한 마디도 놓치지 않겠다는 듯 비장한 눈빛으로 수업에 임했다. 차분한 성격에 예의까지 발라 많은 선생님들의 사랑을 받던 학생이었다. 나는 궁금한 것은 반드시 묻고 지나가는 경선의 열정적인 모습이 마음에 들었다.

경선이 몇 개의 대학에 붙은 뒤 고민하던 모습이 지금도 떠오른다. 결국 경선은 하늘꿈학교 선배들이 많고 좀더 넓은 세상을 볼 수 있으리라는 생각으로 한국외대를 선택했다.

경선은 지금도 가끔 내게 연락을 해온다. 목소리가 밝은 것으로 보아 역시 모범생 소리를 듣던 학생답다는 생각이 들었다. 경선은

이 땅에서 반드시 자기 몫을 하며 살 것이다. 나긋나긋한 목소리로 내게 많은 질문을 하던 경선이 문득 보고 싶어진다.

내 인생의 전환점

김영화(숭실대 사회복지학과)

하늘꿈학교는 제 인생의 전환점이 되어 주었습니다. 저는 하늘꿈학교가 최고라고 생각합니다. 특히 겨울방학 제자훈련학교를 통해 용서하기 힘든 사람을 용서한 것이 가장 기억에 남습니다. 하늘꿈학교에 다니면서 찬양 팀에 들어가서 활동한 것도 참 좋았습니다. 찬양을 하다 보면 힘들고 아프던 마음도 금방 치유됨을 느낄 수 있었으니까요.

저를 여기까지 오게 해주신 분들께 정말 감사드립니다. 하늘꿈학교에 다니면서 사람은 마음이 따뜻해야 한다는 걸 배웠습니다. 다른 사람의 아픔을 들어주고 품어 주시는 선생님들의 모습을 보면서 저도 선생님들 같은 사람이 되어야겠다고 생각했습니다. 사회복지사가 되어 제가 받은 대로 남을 섬기는 자로 살겠습니다.

영화처럼 하늘꿈학교를 인생의 전환점으로 삼게 된 학생들이 많다. 이것이야말로 하늘꿈학교가 힘들어도 아이들을 품고 가는 이유일 것이다. 탈북 아이들의 멘토는 학교 선생님들만은 아니었다. 사랑의 마음으로 탈북 아이들을 찾아 주는 자원봉사자님, 엄마가 해주는 밥처럼 사랑의 밥상을 늘 차려 주시는 주방 간사님, 교회 목회자분들 등 많은 분들이 아이들의 멘토가 되어 주었다. 탈북 아이들은 그들을 통해 새로운 인생의 전환점을 맞으며 세상을 향해 발을 내딛고 있다.

사랑으로 얻은 자신감

김소라(가톨릭대 사회복지학과)

하늘꿈학교에 오면서 저는 가족을 얻었습니다. 선생님은 저를 품어 준 어머니였고, 친구들은 형제자매였습니다. 늘 기다려 주시는 선생님의 모습에서 저를 많이 사랑해 주신다는 것을 알았습니다. 그러면서 저는 주눅들고 움츠러들던 모습에서 벗어나 자신감을 회복하게 되었습니다.

이번에 가톨릭대학교 사회복지학과에 진학하게 되었습니다. 사회복지학과를 선택한 이유는, 하늘꿈학교에서 받은 사랑을 하나님의 뜻대로 나누며 살아가고 싶기 때문입니다. 저를 변화시켜

<u>주신 하나님을 사랑하며, 저를 키워 주신 하늘꿈학교와 모든 선생님께 진심으로 감사드립니다.</u>

소라는 매우 적극적이며 활동적인 여학생이다. 나는 소라가 수업 시간에 활기를 불어 넣으며 친구들 사이에 리더 역할도 잘 하고 명랑해서 별 고민이 없는 줄 알았다. 그런데 소라가 자신이 살아 온 이야기를 쓴 글을 보니 보이는 것만이 다가 아니었다는 생각이 들었다.

북에서 대학까지 공부한 엄마가 새아빠를 얻으면서 뒤틀린 인생의 수레바퀴에서 허덕이는 것을 보며 소라는 자살까지 시도했다. 그러다 결국 혼자 남한으로 내려오게 되었단다. 재혼 후 바보처럼 사는 엄마를 증오했지만 지금은 엄마를 남한으로 모셔오는 것이 가장 큰 꿈이라고 한다. 그 밖에도 소라는 말로 다 표현할 수 없을 만큼 험난한 인생을 살아왔다. 그럼에도 늘 씩씩한 소라가 참 대견했다.

지금도 소라는 대외적인 하늘꿈학교 행사가 있는 날이면 자원봉사자로 나서서 열심히 돕는다. 여전히 밝고 우렁찬 목소리로 후배들 이름을 부르는 모습을 볼 때마다 얼마나 흐뭇하고 든든한지 모른다.

힘찬 펌프질만 남았다

졸업생들 중에는 대학에 가서 공부를 마친 뒤 취업한 학생들도 있지만 그렇지 못한 경우가 더 많은 게 현실이다. 일단 대학은 들어갔지만 실력이나 경제 문제 등으로 자퇴하는 학생들이 많다. 자식 같은 졸업생들이 자퇴했다는 소식을 듣는 날이면 하늘꿈학교 선생님들은 밥도 못 먹고 끙끙 앓는다.

사실 대학을 졸업한 학생들도 방황하긴 마찬가지다. 직장에 들어가서도 제대로 적응하지 못하는 경우가 허다하다. 살아온 환경이 달라서이기도 하지만, 사회주의 체제에서 살다 온 탈북 학생들은 경쟁 체제에 익숙하지 않아 자기 조절을 잘 못하는 경우가 많다.

이런 문제점들을 안고 있는 탈북 청소년들에게 스스로 서는 법을 가르치자는 취지로 만든 것이 바로 '케이터링 사업'이다. 하늘꿈학교 1층에는 직업훈련센터 겸 케이터링 사업의 일환으로 세워진 직업전문훈련센터가 있다. 겉으로는 평범한 식당처럼 보이지만, 그 식당에는 원대한 꿈이 담겨 있다. 탈북 청소년이 진정으로 사회에 정착하기 위해서는 대학 진학뿐만 아니라 안정적인 일터가 있어야 한다. 그러나 현실은 아르바이트나 일용직 수준에 머물러 있고 그나마도 3개월 이상 일을 지속하기가 어려웠다.

탈북 청소년들에게 올바른 직업관을 심어 주고, 남한 사회에 건강하게 정착할 수 있도록 시작한 이 사업에 많은 분들이 보이지 않는 도움의 손길을 보내 주었다. 하지만 이 사업의 씨앗이자 마중물의 주인공은 바로 하늘꿈학교 졸업생인 은희와 영민이다. 은희는 처음부터 이 사업에 뛰어들어 많은 부분에 힘을 보탰다. 매일 색다른 음식을 만들어도 보고 다양한 레시피를 눈여겨보는 등, 하늘꿈학교만의 특색을 살린 메뉴를 만들기 위해 심혈을 기울였다.

은희는 정부에서 지원해 준 아파트를 처분하여 500만 원을 선뜻 하늘꿈학교에 헌금한 것으로 유명하다. 북에서 넘어온 사람들에게 500만 원은 5억이나 다름없다. 그들에게 정부에서 정착금을 주는 이유는 남한 사회에 잘 뿌리내리라는 격려의 뜻에서다. 탈북자에게 그 돈은 생명과도 같은 것이다.

은희에게는 작은 교회 교육전도사인 남편과 갓 돌이 지난 딸이 있다. 넉넉하지 못한 형편일텐데도 큰돈을 기부한 은희를 만나보고 싶었다.

노란 은행잎이 온 세상을 물들이던 날, 집을 나섰다. 강서구의

한 임대아파트에 들어서자 귀여우면서도 강단이 있어 보이는 은희가 맞아 주었다. 집 안 곳곳에서 행복의 냄새가 풍겨났다. 찾아온 이유를 말하자 자신은 기부를 했다는 사실조차 잊었다며 쑥스러워했다.

"절대로 자랑거리가 못 돼요. 그 돈은 하나님이 저를 통해 하늘꿈학교에 보내 주신 거라고 생각해요. 그때 정말이지 하늘꿈학교가 힘들었거든요. 제가 북한에서 처음 내려왔을 때 하늘꿈학교가 아니었으면 공부를 어떻게 했겠어요. 그 은혜에 비하면……."

잠에서 깨어난 아기가 우리의 이야기를 잠시 끊었다. 엄마를 닮아 통통하면서도 귀여운 아기였다. 우유를 먹이면서 은희는 다시 말을 이었다.

"남한에 아무도 아는 사람이 없어 힘들 때였지요. 그때 교장 선생님은 물론 목사님과 다른 선생님들이 저를 위해 기도도 많이 해 주시고 살뜰히 보살펴 주셨어요. 초창기 하늘꿈학교는 열악했어요. 읽을 책 한 권 쉽게 구할 수 없었지요. 그래도 우리는 한 가족처럼 웃고 울며 공부했어요. 그때가 정말 좋았던 것 같아요."

지금도 은희는 그때 만난 친구들과 간간이 연락하며 지내고 있단다. 그 시절을 회상하며 옛이야기를 나누는 것이 즐겁다고 했다. 은희는 소고기가 비싸 아이 먹이는 것만 사고, 남편에게는 소고기국 한 번 끓여 줄 수 없는 것이 미안하다고 했다. 하지만 은희의 얼굴에는 궁색함이 전혀 없었다. 재롱을 떨던 딸이 칭얼대자 은희는 냉장고에서 치즈 한 장을 꺼냈다.

"딸이 치즈를 좋아하는데 비싸서 하루에 딱 한 장만 먹여요."

이 말을 하며 소녀처럼 웃는 은희가 정말 남다르다는 생각이 들었다.

"경제적으로 힘들 때면 큰돈을 학교에 낸 걸 후회하지 않니?"

내가 단도직입적으로 묻자 은희는 단호하게 대답했다.

"그 돈은 제 것이 아니었어요. 하나님이 그런 마음을 주셨고 저는 따랐을 뿐이에요. 단 한 번도 후회한 적 없어요."

은희를 만나고 돌아오며 많은 생각이 들었다. 은희가 품은 믿음의 거울에 비친 내 모습이 너무도 연약해 보였기 때문이다. 아이를 안고 편안하게 웃던 은희의 모습이 오랫동안 기억에서 떠나지 않을 것 같다.

앞서 언급한 또 한 명의 직업훈련센터 마중물이 된 주인공은 바로 영민이다. 영민은 북에서 넘어와 중국에 오래 머물다가 가족과 함께 한국에 왔다. 북에 있을 때 배고픔을 견디지 못해 돈을 벌러 나갔다가 행방불명이 된 엄마를 찾아 온 가족이 헤매고 다니며 온갖 고생을 겪은 아이다. 꽃제비수용소에 잡혀 가 죽을 고비를 넘기기도 했다는 영민. 산전수전 다 겪은 영민은 험난한 고비를 넘어 남한에 정착하게 된 그때를 한 번도 잊은 적이 없다고 했다. 그래서 늘 영민은 기회가 올 때마다 배우고 익히는 일에 앞장선다고 했다.

그런 영민도 전공이 맞지 않아 휴학계를 내고 잠시 방황하기도 했다. 몇 달 전부터 영민은 전자회사에 취직해 다니고 있다. 힘겹게 일한 뒤 받은 첫 월급을 영민은 하늘꿈학교에 내놓았다. 영민의 어려운 형편을 아는 선생님들은 선뜻 그 돈을 받을 수가 없었다. 그러나 영민은 힘이 넘치는 목소리로 이렇게 말했단다.

"힘들긴 해도 기뻐요. 제가 주님을 위해 무엇인가 드릴 수 있다는 것이……. 그리고 저를 사랑해 주고 지금의 저를 만들어 준 하늘꿈학교를 위해 작은 부분이나마 보탤 수 있다는 것이 정말 기뻐요."

참으로 대견하면서도 건실한 청년 아닌가. 나는 그의 마음 씀씀이에 감탄하지 않을 수 없었다.

은희와 영민이 아낌없이 내놓은 마중물! 이들의 하늘꿈학교에 대한 사랑을 보며 오병이어의 기적이 생각났다. 예수님의 말씀을 들으려 모인 무리가 저녁이 되어 배가 고파졌다. 주위에 먹을 것이라곤 아무것도 없었다. 그때 한 아이가 자신이 갖고 있는 물고기 두 마리와 보리떡 다섯 개를 선뜻 내놓았다. 자기도 배가 고팠지만 모두 내놓은 것이다. 그것은 기적이 되어 거기 모인 사람들이 모두 배불리 먹을 수 있게 되었다.

지금 이 순간에도 하늘꿈학교 직업훈련센터에서는 탈북 청소년들이 빛나는 미래를 꿈꾸며 열심히 직업훈련을 받고 있다. 이 모든 것이 두 졸업생의 마중물로 가능했던 것이다. 마중물은 충분히 부어졌다. 이제 힘찬 펌프질만 남았다. 마중물이 물을 펑펑 쏟아지게 하듯, 하늘꿈학교의 케이터링 사업 또한 승승장구하길 소망한다.

기부의 손길로 자라나는 나무들

이 땅에는 탈북 아이들을 생각하며 기도와 재능 및 물질 등으로 하늘꿈학교를 후원하는 사람들이 많다. 그런 힘이 모아져 하늘꿈학교는 지금까지 성장과 발전을 해왔다고 해도 과언이 아니다. 석촌 시장의 배추 사장님도 그중 한 분이다.

작년 배추파동 때를 생각하면 지금도 아찔하다. 그야말로 김치가 '금치'로 급부상한 시기였다. 배추 값 폭등의 불똥이 탈북 아이들에게 삼시 세 끼를 꼬박꼬박 해먹이는 하늘꿈학교에 직격탄으로 떨어졌다. 배추파동이 일어나자 오랫동안 질 좋고 맛있는 김치를 보내 주던 유명 식품회사에서 연락이 왔다. 초과되는 예산을 감당할 수 없어 더는 김치 후원을 할 수 없다는 것이었다. 그럴 수 있음을 알면서도 학교 입장에서는 커다란 숙제가 생긴 셈이었다.

교장 선생님은 난감한 표정으로 내게 물었다.

"식탁에서 김치가 가장 손이 가는 음식인데 이렇게 비쌀 때 김치 후원이 떨어졌으니…… 어떻게 해야 할지 모르겠네요. 어디 맛좋고 정성이 담긴 김치공장 알고 계세요? 조금 싼 값에 공급받을 수 있나 해서요."

나는 돕고 싶었지만 달리 방법이 없었다. 그리고 한동안 하늘꿈학교 식탁에 오르는 김치를 볼 때마다 마음이 편치 않았다. 많은 예산을 들여 김치를 사 먹이고 있음을 알기 때문이다.

며칠 전, 하늘꿈학교에서 점심을 먹는데 김치 맛이 예전과 달랐다. 함께 식사하던 교장 선생님께 물었다.

"김치가 맛있네요. 요즘은 김치를 어떻게 해결하고 계세요?"

"맛이 깔끔하고 개운하지요? 이 김치에 대한 기막힌 사연이 있어요."

임향자 교장 선생님은 식사를 하다 말고 '김치 기부천사'에 대해 말씀해 주셨다.

"석촌시장에서 김치공장을 하는 젊은 사장님이 김치를 후원해 주셨어요. 오래된 김치공장도 아니고 지금 시작 단계라는데……. 헌신하는 마음으로 우리 학교에 김치를 제공하시는 거지요. 작은 김치공장에서는 엄청난 일이지요. 학교 급식은 물론 각 기숙사에서 먹는 김치까지 모두 공급해 주고 계세요."

나는 그분이 어떤 분인지 만나 보고 싶었다. 그래서 전화통화를 시도했는데 몇 마디 말도 주고받지 못하고 수화기를 내려놓아야 했다.

"오른손이 하는 일을 왼손이 모르게 하는 것이 진정한 후원 아닐까요? 저 자랑하고 싶어서 하는 일 아니에요. 처음에는 솔직히 하늘꿈학교 식당에 김치 납품이나 할까 하고 갔는데…… 사정을 들어보니 제가 돈 벌 곳은 아니라는 생각이 들었어요. 그래서 힘들어도 하는 것인데 이렇게 드러나는 것은 아닌 듯싶어요."

이렇듯 하늘꿈학교는 보이지 않는 도움의 손길 때문에 멈추지 않고 달려갈 수 있는 것이다. 일일이 거론할 수 없지만 하늘꿈학교의 곳간이 텅텅 비어 한숨이 날 때면 기적처럼 다가오는 기부의 손길들. 그 힘으로 하늘꿈학교의 아이들은 오늘도 먹고 공부하며 따뜻한 방에서 편히 잠을 자는 것인지도 모른다. 한마디로 하늘꿈학교 아이들은 많은 분들이 부어 주는 깊은 사랑을 먹고 자라나는 나무들이다. 그 나무에 주렁주렁 열매가 맺힐 때까지 하늘꿈 나무에 열심히 거름을 부어 주어야겠다는 다짐을 해본다.

기쁜 소식이 날아들다

어느 날, 하늘꿈학교에 갔더니 모든 선생님의 얼굴에 웃음꽃이 활짝 피어 있었다. 무슨 일인가 싶어 자초지종을 물었다.

"얼마 전 미 대사관에서 전화가 왔어요. 미 국무성 지원금이 있는데 신청해 보라는 거예요. 그 지원금을 받는다는 건 하늘의 별따기거든요. 우리 학교 선생님 몇 분이 밤을 새워 가며 영문으로 모든 서류를 만들어 보냈어요. 그런데 방금 전 전화선 너머에서 갑자기 'CONGRATULATION!'이라는 말이 들리는 게 아니겠어요? 미 국무성에서 온 전화였어요. 최선을 다해 서류를 보내긴 했지만 좋은 소식이 올 줄은 몰랐어요."

교장 선생님은 남 앞에 손 내밀 줄 모르는 자신의 성격을 익히 아시고 하나님이 채워 주셨다며 기뻐하셨다. 그리고 무엇보다 하늘꿈학교 선생님들의 땀과 헌신의 열매라는 칭찬을 아끼지 않았다. 교장 선생님은 지원금을 받게 된 것보다 지금까지 해온 일에 대해 좋은 평가를 받은 것이 더욱 감사하다고 했다.

하늘꿈학교에는 미 국무성 지원금 소식에 이어 또 다른 기쁜 소식이 날아들었다. 글쓰기 수업을 마치고 교무실에 들어가자 선생님 한 분이 기쁨에 찬 얼굴로 내게 신문을 건넸다.

> 현대차 정몽구재단이 탈북자들을 위해 3년 동안 20억 원을 지원하기로 했습니다. 통일부 류우익 장관과 현대차 정몽구재단은 서울 세종로 정부중앙청사 대회의실에서 북한이탈주민지원재단과 '온 드림 북한이탈주민 정착지원사업 협력협약'을 체결했습니다.

정몽구재단의 북한이탈주민 정착지원사업의 일환으로 하늘꿈학교가 후원을 받게 된 것이다. 20억 원의 지원금 중 10억 원이 하늘꿈학교의 건물을 짓는 데 쓰인다고 했다. 작은 건물을 임대하여 쓰고 있는 학교에 몇 년 전, 선한목자교회에서 부지를 기부했지만 건물을 짓는다는 것은 그야말로 꿈이었다. 매달 선생님들의 월급을 주는 것도 버거운 형편에 건물을 짓겠다는 것은 엄두도 내지 못하고 있었다. 그러던 차에 들려온 뜻밖의 희소식이었다.

통일부를 통해 후원처를 찾던 정몽구재단이 전국의 탈북 대안학교 중 우수한 학교로 하늘꿈학교를 선정해 건물을 지어 주겠다고 약속을 한 것이었다. 언젠가 하늘꿈학교 후원의 밤에 한 통일부 직원이 참석했는데, 그날 선생님들과 학생들을 보고 감동을 받았던 것 같다. 우수 학교 선정에 이 익명의 직원의 뜻이 반영된 게 아닐까 싶다. 교장 선생님은 이 모든 것이 하나님이 엮으신 일이자 선물이라며 흥분한 목소리로 감사의 말을 이어갔다.

"정말이지 감사해요. '하나님이 문을 열면 닫을 자가 없고 문을 닫으면 열 자가 없다'고 하신 말씀이 떠오르네요. 그저 인내하고 헌신했더니 우리가 기대한 것 이상으로 갚아 주시네요. 이건 기적입니다. 기적이 아니고는 이런 일이 일어날 수 없지요."

교장 선생님은 눈물을 흘렸다. 그동안 내가 본 교장 선생님의 눈물만으로도 강을 이룰 것이다. 지금까지는 너무 힘들어서, 혹은 아이들의 기막힌 사정 때문에 안타까워 흘린 눈물이었지만 이 눈물은 기쁨의 눈물이었다.

며칠 후 학교에 갔더니 선생님들이 매우 분주해 보였다. 무슨 일이 있나 싶었는데 연말에 있을 '하늘꿈의 밤'을 알리는 초대장 작업이 한창이었다.

"후원 감사의 밤 행사가 있군요!"

하늘꿈학교는 해마다 학교를 기억하며 기도와 물질로 도와주는 분들을 초청해 감사의 마음을 전하고 있다. 올해도 같은 내용의 행사려니 했는데, 교장 선생님이 조금 다를 거라며 말씀하셨다.

"올해는 특별히 학교 기금을 모금하려고 해요."

아니, 미 국무성에서 지원금도 받게 되었고 정몽구재단에서 학교도 지어 준다고 했는데, 그동안 한 번도 하지 않던 기금 모으는 행사라니…….

"저는 이제 기부금 없이도 학교 운영이 잘 되는 줄 알았어요."

교장 선생님은 잠시 난감한 표정을 짓더니 설명했다.

"외부에서 보기에는 그럴 수도 있겠네요. 하지만 속사정은 절박해요. 미 국무성 지원금은 학생들을 위한 경비로밖에 쓸 수 없지요. 그러다 보니 인건비 등은 여전히 부족하네요. 학교 건물을 짓는 것도 마찬가지입니다. 교회에서 부지를 주었고 정몽구재단에서 10억을 들여 지어 주지만, 그 외 내부 공사 등 3억 정도가 더 드는 비용은 학교에서 부담해야 합니다. 우리에게 3억은 너무 큰돈입니다."

교장 선생님의 설명을 듣고 나니 산 너머 산이라는 생각이 들었다. 하늘꿈학교가 지어지기까지는 많은 사람들의 헌신이 더 필요한 듯싶다. 나는 초대장을 고이 접어 가방에 넣으며 손을 모았다. 하늘꿈학교를 위해 벽돌 한 장 쌓는 심정으로 돕는 손길이 끊이지 않기를 바라는 마음이었다.

이제 머지 않은 미래에 하늘꿈학교 학생들은 깨끗하고 아담한 건물 안에서 수업을 받게 될 것이다. 선생님들의 눈물 어린 헌신과 탈북 아이들을 향한 많은 사람들의 사랑을 토대로 세워질 하늘꿈학교! 새 교정에서 하늘을 향해 꿈을 쏘아 올리는 아이들의 힘찬 모습을 떠올려 본다. 벌써부터 운동장 한가운데 서서 두 손 높이 들고 함성을 외치는 아이들의 목소리가 들려오는 듯하다.

에필로그

여행은 끝나지 않았다

지난 3년 간 탈북 아이들을 만나며 보고, 듣고, 느낀 것을 나름 진솔하게 썼다. 나는 탈북 아이들의 현주소를 보여 주고 싶었다. 탈북 아이들의 오늘을 직시하는 것이야말로 통일 시대를 여는 열쇠라고 생각했기 때문이다.

글을 책으로 엮으면서 제목 정하기가 쉽지 않았다. 그래서 책의 주인공인 아이들에게 도움을 청했더니 모든 아이들이 약속이라도 한 듯 한목소리로 말했다.

"우리의 소원은 통일이요!"

나는 멍하니 아이들을 바라보았다.

"지금 우리가 가장 원하는 것이 바로 통일이거든요."

애끓듯 절절하면서도 진지한 표정이었다. 잠시 후, 한 아이가 작은 목소리로 노래를 부르기 시작했다.

우리의 소원은 통일 꿈에도 소원은 통일
이 정성 다해서 통일 통일을 이루자
이 겨레 살리는 통일 이 나라 살리는 통일
통일이여 어서 오라 통일이여 오라

여기저기서 아이들이 노래를 따라 불렀다. 두고 온 가족에 대한 그리움이 고스란히 묻어 난 목소리였다. 아이들의 눈가가 벌겋게 물들어 갔다.

나는 통일의 노래를 부르는 아이들의 얼굴을 바라보는 순간, '저 아이들을 아주 가까운 미래에 북녘 땅에서 만나고 싶다'는 열망이 생겼다. 그건 통일에 대한 또 다른 소망이었다.

고향에 돌아가 아프고 병든 사람들을 치료할 아이, 모교 선생님이 되어 후배들을 가르치고 있을 아이, 사회복지사가 되어 자신을 그리워하다 돌아가신 할머니를 생각하며 고향 어르신들을 돌봐 줄 아이, 신학을 공부하여 평양 한복판에서 복음을 전할 아이들의 모습을 볼 생각을 하니 가슴이 뜨거워졌다. 하나님이 예비하신 시간표 안에서 이 꿈은 반드시 이루어 질 것이다.

생각해 보건대, 하늘꿈학교라는 울타리 안의 아이들을 만난 것은 내게 축복이자 선물이었다. 하지만 나의 능력이 부족해 아이들의 눈물과 아픔, 그리고 희망을 다 전하지 못한 것 같아 아쉽다. 아울러 내게 진솔하게 자신을 보여 준 친구들에게 정말 고맙다는 말을 전하고 싶다. 그들이 혹 이 글로 상처받는 일이 없었으면 좋겠다.

하늘꿈으로의 여행은 끝나지 않았다. 이 글은 어찌 보면 탈북 아이들의 중간 보고서인 셈인지도 모른다. 그들의 이야기는 통일의 그날까지, 아니 통일 후까지 계속 이어질 것이다.

우리의 소원은 통일
We Long for the Reunification of Korea

지은이 박경희
펴낸곳 주식회사 홍성사
펴낸이 정애주
국효숙 김경석 김의연 김준표 박혜란 송승호 오민택
오형탁 이현주 임영주 주예경 차길환 최선경 허은

2012. 11. 29. 초판 발행   2020. 2. 28. 10쇄 발행

등록번호 제1-499호 1977. 8. 1.
주소 (04084) 서울시 마포구 양화진4길 3   전화 02) 333-5161   팩스 02) 333-5165
홈페이지 hongsungsa.com   이메일 hsbooks@hongsungsa.com
페이스북 facebook.com/hongsungsa   양화진책방 02) 333-5163

ⓒ 박경희, 2012

• 잘못된 책은 바꿔 드립니다.   • 책값은 뒤표지에 있습니다.

ISBN 978-89-365-0949-1 (04230)